JN398185

떡볶이를
사랑하지
않기로 했어

🌹 일러두기
일부 표기와 문체는 저자만의 고유 스타일임을 알립니다.

나도 그래

네 글자가 주는 힘은 위대하다.
누군가에겐 평범한 위로일지 몰라도,
어떤 이에게는 말없이 건네는 치유와 같기에.

이 책이 한 번도 용기 낸 적 없는 자들에게 작은 용기를,
섣불리 포기하려 했던 마음에 조용한 사과를 건네길 바란다.

2025.08
내 마음과의 화해 1주년을 기념하며

chapter 냐저씨

이혼과 떡볶이 | 8
자동차는 아무 죄가 없지만 | 13
이밍아웃 | 18
"이쁘냐?" | 23
이혼은 마치 고구마 | 25
40대의 연애란? | 29
글을 쓰기 시작한 이유 | 33
심장아 나대줘서 고마워 | 36
둘이라는 완전체 | 39
다시 사랑할 용기 | 42
호부호형 | 45
브라보 마이 지질 라이프 | 50

chapter 한송이

내가 한 건 사랑이 아니야 | 56
어느 호구의 이혼게임 | 58
양다리도 사랑일까? | 61
좋은 사람 알아보는 방법 | 63
사랑의 끝은 꼭 결혼이어야 할까? | 65
나는 오늘도 성장하고 있다 | 67
떡볶이를 사랑하지 않기로 했어 | 69
네가 사준 짝퉁 가방 | 71
돌싱은 외계인 | 73
온화 주의보가 예보되었습니다 | 75
너에게서 배운 사랑 | 77
상처는 나으라고 생기는 거야 | 80
네가 어떻게 나한테 그럴 수가 있어? | 82
평생 나쁜 사람은 없다 | 84
빛이 나는 여자 | 86
청춘꽃 | 89

chapter 김태이

Soul Food | 94
불안의 발작 | 96
이제야 알게 된 사랑 | 98
밀당의 쾌감 | 101
이별 후에도 붙잡는 마음 | 105
험담이 맛있는 이유 | 110
데미안 | 115
내 감정이 하는 말 | 119
부끄러움 | 124
떡볶이가 진짜 나쁠까? | 128
에필로그 | 134

"떡볶이 먹고 갈래?"

1 애플하우스

- 서울 동작구 동작대로27다길 29
  2층
- 매일 10:30 - 21:00
  20:30 라스트오더

2 은혜즉석떡볶이

- 서울 광진구 광나루로 381-1
- 매일 10:30 - 22:00
  21:10 라스트오더

3 신토불이 떡볶이 본점

- 서울 광진구 자양로43길 42
- 화~일 11:00 - 21:00
  (월-정기휴무)
  20:50 라스트오더

떡볶이를
사랑하지
않기로 했어

냐저씨

평범한 회사원으로 일하며 행복한 가정을 꾸리는 꿈을 꾸면서
살아왔지만, 이혼이라는 인생의 터닝포인트를 맞으면서,
완전히 새로운 삶을 시작하게 되었습니다.

마치 판타지 소설 속 주인공이 현실에서 큰 사고를 당해
목숨을 잃고, 이세계로 떨어진처럼, 이전과는 다른 인생 루트를
개척해 나가고 있습니다.
불가능하다 생각한 일을 도전하고, 그것을 성취하면서 느끼는
도파민을 경험하며 인생 2회차 삶을 살아가고 있습니다.

이혼과 떡볶이

나는 떡볶이를 좋아하지 않는다. 싫어하는 것도 아닌데, 그게 왜 그렇게 맛있는 건지 이해가 되지 않는다. 고추장과 물엿이 뒤엉켜 맵고 달기만 한, 하얀 떡을 버무린 음식. 도대체 왜 많은 사람들이 이걸 그렇게까지 좋아하는 걸까? 나로선 알 수 없는 일이다.

내 입맛에는 제육볶음이 훨씬 낫다. 누가 뭐라든, 심지어 아재 입맛이라며 비웃어도 상관없다. 사람 입맛은 각자의 것 아닌가.

이런 나와 다르게 전처는 떡볶이를 사랑했다. 떡볶이만 있다면, 그날 부부싸움을 했더라도 나를 바로 용서해 줄 만큼 떡볶이를 사랑했다. 이혼하고 나서 보니, 아내는 나보다 떡볶이를 더 사랑한게 아닐까 하는 생각이 든다.

나에겐 떡볶이라는 단어만 들어도 떠오르는 기억이 있다. 전처와의 두 번째 만남. 소개팅 후, 내가 먼저 애프터 신청을 했고 우리는 인사동에서 다시 만났다. 서로 호감이 있었기에 그 날의 데이트는 무척 즐거웠다. 몇 시간 동안 카페에서 수다를 떨며 웃고, 어느새 저녁 시간이 되었다. 나는 저녁 메뉴로 궁중 떡볶이를 제안했다. 좋아하지도 않는 떡볶이를 굳이 제안한 이유는 간단했다. 그녀의 마음에 들고 싶었으니까.

당연히 그녀는 무척 기뻐했다. 그렇게 함께 먹었던 궁중 떡볶이. 맛은 내 기억 속에 분명히 남아 있다. 정확히 말하자면, 그저 그런 맛이었다. 나는 떡볶이는 제쳐두고, 함께 시킨 찐만두만 열심히 먹었다. 반면 그녀는 한입 한입 천천히, 아주 행복한 얼굴로 떡볶이를 즐기고 있었다.

두 번째 데이트를 끝으로 우리는 점점 가까워졌고, 급물살을 타듯 빠르게 결혼을 준비했다. 만난 지 몇 개월도 지나지 않아 나는 프로포즈를 했고, 그녀는 눈물까지 글썽이며 받아주었다.

주변에 결혼 소식을 알리자 다들 걱정했다. "조금 더 천천히 알아가는 건 어때?"라는 말들이 쏟아졌다. 하지만 그땐 하나도 귀에 들어오지 않았다. 나는 우리가 잘 살 수 있을 거라고 확신했다. 그리고 안타깝게도, 그때의 선택은 내 인생 최악의 결정 Top 3 안에 들게 되었다.

신혼 초는 분명 행복했다. 너무 늦게 결혼한 걸 후회할 만큼 좋았다. '이 좋은 걸 왜 진작 하지 않았을까' 싶을 정도로. 돌이켜보면, 그 짧은 시기가 우리의 결혼 생활 중 가장 따뜻한 순간이었다.

하지만 그 행복은 오래가지 않았다. 아주 천천히, 그러나 분명히 우리는 무너져갔다. 서로 다른 환경, 다른 생각, 다른 리듬이 조금씩 어긋나기 시작했다.

"그거 확실한 거야? 제대로 알아봤어? 나 이런 거 틀리면 힘들어 하는 거 알잖아."

아내에게 자주 들었던 말이다. 함께 살아가며 맞닥뜨리는 문제들은 수도 없이 많았다. 그런데 그녀는 언제나 내가 완벽하길 바랐다. 작은 실수 하나에도 나를 다그치며, 다시는 같은 실수를 반복하지 말라고 했다.

처음엔 이해하려 했다. 고치려고 노력도 했다. 하지만 그런 기대는 끝없이 이어졌고, 나는 점점 지쳐갔다. 아내의 말투는 점점 더 교사처럼 변해갔고, 나는 학생이 되었다. 잘못된 대답 하나에도 벌을 받는 것 같은 느낌. 그녀 앞에서는 위축되고, 말수도 줄었다.

결국 우린 서로를 이해하지 못한 채 이혼했다. 아내는 마지막까지 말했다.

"나는 최선을 다했어. 이게 너를 위한 길이야." 마치 날 놓아주는 성자처럼 굴었다. 그 말에 웃음이 나왔다. 결혼 기간 내내 일하지 않고 내 수입에 의존하며, 외국에 나가 자기 공부를 마치고는 이제 와서 '널 위해 이혼해 주겠다'니. 참 우스웠다.

그녀는 나를 지질한 남편으로 만들고 떠났다. 그래서인지, 난 이제 떡볶이를 입에도 잘 대지 않는다. 누군가 시키면 억지로 한두 입 먹을 뿐, 내 돈 주고 떡볶이를 사먹는 일은 없다.

그렇게 떡볶이는 내가 먹지 않는 넘버 1 음식이 됐다.

자동차는 아무 죄가 없지만

 새 차를 샀다.
이혼한 아내가 혼수로 가져왔던, 15년 넘은 낡은 SUV를 보내고 새 차를 들인 것이다. 솔직히 말하자면, 부끄럽고 지질한 일이었다. 이혼하고도 4년 동안 나는 그 차를 계속 탔다. 이유는 간단했다. 돈이 없었기 때문이다.

 결혼 당시 아내는 단 한 번도 경제활동을 하지 않았다. 그렇다고 주부로서 생활을 했던 것도 아니었다. 예민하다는 이유로 해가 중천에 떠서야 겨우 일어났고, 내가 아침 7시에 출근할 땐 배웅을 나온 적도 거의 없었다.
 그녀는 자신의 커리어를 위해 공부하길 원했고, 나는 그런 그녀의 바람을 들어주기 위해 결국 해외 유학까지 보내줬다.

그리고 그녀가 유학을 마치고 돌아온 뒤, 우리는 이혼했다.

나는 그녀가 한국에서 일하며 나와 함께 살기를 바랐다. 하지만 그녀는 외국에서 커리어를 이어가길 원했고, 내가 그곳에 맞춰 이직하길 바랐다. 그 의견차는 끝내 좁혀지지 않았다.

이혼할 때 나는 아내로부터 돈 한 푼 받지 못했다. 내가 가져온 건 아내의 혼수품이던 오래된 디젤 SUV 한 대뿐이었다. 이미 15년이 넘은 차였고, 당연히 새 차로 바꾸는 게 맞았지만, 그럴 여유는 없었다.

주변에선 "너는 비위도 좋다"고 비아냥댔다. 자기 같으면 진작 차부터 바꿨을 거라고. 하지만 나에겐 차를 살 돈도, 새 출발을 위한 여유도 없었다.

다니는 회사는 차량 없이는 출퇴근이 불가능한 위치에 있다. 대중교통은 커녕 택시 한 대 잡기 어려운 외곽지. 그 차가 유일한 출근 수단이었고, 나는 아무리 속이 상해도 매일 그 차를 몰고 회사를 오갔다.

회사 사람들에게는 이혼 사실을 밝히지 않았다. 누군가 내 차에 대해 물으면, "아내가 혼수로 가져온 차야. 유학 끝나고 돌아오면 열심히 일해서 둘이 좋은 차로 바꿀 거야"라며 너스레를 떨었다. 속으로는 피눈물이 났지만, 겉으로는 웃으며 농담을 나눴다.

명절이나 주말에 고향에 갈 때도 그 차를 탔다. 어머니와 동생들이 그 차를 보며 어떤 마음이 들지 뻔히 알면서도, 애써 모른 척했다. 집에 가면 아무도 내 차를 타려 하지 않았다. 동생 차로 움직였고, 나도 어머니를 내 SUV에 태우지 않았다. 차가 없어서가 아니라, 그 차가 아내의 흔적처럼 느껴졌기 때문이었다. 그런데도 나는 그 차를 버릴 수 없었다. 여전히 잘 굴렀고, 무엇보다 새 차를 살 돈이 없었다.

그렇게 4년을 참았다. 지질하게...

차를 바꾸게 된 계기는 허무하게 찾아왔다.
자동차 검사를 받던 중, 매연저감장치를 달았던 내 SUV

가 검사에 통과하지 못했다. 고치려면 비용이 너무 많이 들었다. 중고차값 보다도 더. 그제야 결심했다. 이제 바꿀 때가 됐구나.

   정말 지질한 방식으로, 차를 떠나보냈다.

처음엔 중고로 팔까 고민했다. 그래도 적게나마 돈을 받을 수 있었으니까. 하지만 이혼한 아내의 혼수 차량이 내가 모르는 누군가의 손에서 여전히 굴러다니는 상상을 하자, 견딜 수 없었다.

   그 순간, 여태까지 아무렇지도 않게 몰고 다녔던 차가 보기조차 싫어졌다. 그래서, 폐차했다. 그 차를 이 세상에서 완전히 없애버렸다.

   10년 넘게 나와 함께했던 차.

아내와의 결혼생활의 그림자이자, 내가 견뎌온 시간의 증거였던 그 차를. 그리고 마침내 새로 샀다. 새차를 받고 가장 먼저 한 일은, 고향에 계신 어머니께 전화 드리는 일이었다. 어머니께 자랑하고 싶었다. 솔직히 유치한 일이었지만, 칭찬받고 싶었다. 어머니는 전화기 너머로 조용히 웃으셨다.

"그 차 볼 때마다 속이 뒤집어졌는데, 이제 좀 시원하다."
그 말을 듣고, 나도 모르게 눈시울이 뜨거워졌다. 이혼한 지 4년 만에, 나는 드디어 아내의 흔적을 지우기 시작한 것이다.

그리고 오늘 아침,
태어나 처음으로 내 이름으로 된 새 차를 타고 회사에 출근했다. 왠지 모를 작은 승리감이 들었다. 진짜 아주 사소한, 어쩌면 아무 의미도 없을지도 모를 승리. 내겐 참 소중한 감정이었다.

이밍아웃

 회사에 내 이혼 사실을 알리지 않았다. 굳이 알릴 이유도 없었다. 직장 동료들의 입에 오르내리는 것도 싫었고, 무엇보다 자존심이 상했다.

 소위 말해 'X팔렸다'.

 그렇다고 사람들이 물어봤을 때 사실대로 말하느냐 하면, 그것도 아니다. 물어보면, "아내랑 잘 지내고 있어요."라고 대답한다. 거기에 더해, 사람들이 묻지도 않은 결혼생활 에피소드까지 지어내 웃으며 떠든다. 보통은 그렇게 얼버무리면 넘어간다.

 하지만 어디든 꼭 남 일에 유별나게 관심 많은 사람들이 있다.

이런 이들은 집요하다. "같이 살고는 있느냐", "아내는 무슨 일을 하느냐", "왜 아이는 없느냐" 등, 민감하고 답하기 어려운 질문을 툭툭 던진다.

처음엔 많이 당황했다. 모범답안이 없었기 때문이다. 진땀을 흘리며 즉석에서 생각나는 대로 대답했다.

"주말부부입니다."

"아내는 개인 사업 중이에요."

"아이요? 이제 나이가 있어서 포기했어요."

그리고 최대한 빨리 그 자리를 피했다. 질문한 사람은 내 대답에 영 만족하지 못한 표정이었지만, 나는 이미 그 자리를 떠나 다른 대화에 섞여버렸다. 이야기가 거기서 끝났으면 좋았겠지만, 나의 지질한 에피소드는 여기서 더 진화한다. '거짓말은 또 다른 거짓말을 낳고, 거짓말도 똑똑해야 한다'는 말처럼, 여기저기서 즉흥적으로 내뱉은 말들이 서로 충돌하기 시작했다.

어느 날은 주말부부라 해놓고, 다른 날은 "아내랑 매일 같이 저녁 먹는다"고 말하는 식이었다. 사람들은 그때마다 혼란스러워했지만, 다행히 아무도 추궁하지는 않았다.

생각해보면, 내가 이혼 사실을 들키지 않은 건 내가 영리해서가 아니라, 사람들이 그만큼 타인에게 관심이 없기 때문이었다.

그렇게 몇 번의 실수를 거치며 나는 드디어, '직장 내 결혼 질문 모범답안'을 갖추게 됐다. 누가 물어보든 항상 같은 대답을 반복했다. 그런데 문제는, 모범답안에는 없는 질문들이었다. 처음엔 또다시 허둥댔다. 하지만 요즘은 그냥 대답하지 않는다. 답하지 않아도 된다는 걸 깨달았기 때문이다.

사람들은 금세 질문을 잊고, 다른 얘기로 넘어간다. 그러다 보니 회식이나 점심 자리도 점점 피하게 됐다. 혼자 밥을 먹고, 혼자 퇴근하고, 혼자 주말을 보냈다. 혼자가 편했다.

무례하다고 느끼는 질문에 대답할 필요도 없고, 연기하지 않아도 되니까. 나 자신을 보호할 수 있는 유일한 방식이었다.

하지만 가끔 생각한다.
이혼 사실을 굳이 이렇게까지 숨길 필요가 있을까?
요즘은 이혼한 사람들이 나오는 연애 예능도 인기고, 사회도 많이 달라졌다. '이밍아웃'을 하고, 그냥 편하게 회사 생활을 하는 게 정신 건강에 더 좋지 않을까? 그렇다고 해서, 아직 실행에 옮기지는 못했다. 자존심 때문이다.

다른 사람들은 다들 별 탈 없이 결혼생활을 이어가고 있는데, 혼자만 결혼에 실패한 것처럼 보이는 게 싫다. 회사에서 내가 유일한 실패자처럼 보이는 것도. 물론 웃긴 말이다. 내가 무슨 회사에서 입지가 대단히 있는 사람도 아닌데, 알량한 자존심 때문에 여전히 숨기고 있는 나 자신이 우스웠다. 그래서 나는 철저히 회사에선 이혼 사실을 감춘다. 그러면서도 익명성 뒤에선 누구보다 솔직하게, 내 이혼 이야기를 쓴다. 지금 이 글처럼 말이다. 이렇게 나의 실명을 걸지 못하는 지질함 속에서, 나는 이혼의 상처를 극복하고 있다.

누구 탓도 하지 않는다.
내 탓도, 그녀의 탓도.

그저 그런 일이 일어났을 뿐이라고 생각하며, 이제는 그 시간들을 담담하게 받아들일 수 있다. 아이러니하게도, 회사에서의 지질함이 회사 밖에서의 담담함을 가능하게 한다. 그리고 그 역설이 조금씩 나를 구한다.

마치 번데기가 껍질을 벗고 천천히, 아주 천천히 나비가 되어가는 것처럼.

"이쁘냐?"

남자는 나이를 아무리 먹어도 변하지 않는 것 같다.

이혼 후, 슬슬 외롭다는 생각이 들었고 조심스럽게 괜찮은 사람이 있는지 물어보기 시작했다. 40을 넘긴 나이, 소개받을 수 있는 사람이 한정적임을 알고 있다. 주위에 괜찮은 사람이 있다고 소개 시켜주겠다고 하면, 제일 먼저 나오는 질문은 늘 똑같았다.

"이쁘냐?" 스스로 생각해도 참 지질하다.

이건 마치 사업이 망해 길바닥에 나앉은 사람이 며칠 굶다가 겨우 빵 하나 얻었는데, "이거 통밀 아니네? 건강엔 별로겠네."라며 투덜대는 꼴과 다를 바 없다.

더 웃긴 건, 그런 질문을 하는 나도 외모로 내세울 게 딱히 없는 사람이라는 점이다. 거울을 봐도 한숨 나오고, 누가 날 이쁘다고 말해준 기억도 희미한데, 소개받을 땐 괜히 자신감이 생긴다.
 "그래도 내가 어디서 밀리진 않지." 같은 헛된 위안.

 그래도, 어쩔 수 없이 이런 생각이 든다.
 "기왕 만나는 거면, 이쁘고 매력적인 사람이었으면 좋겠다."

 결국 이 욕심을 버리지 못하니, 내가 아직도 연애를 못하는 것 같다.

이혼은 마치 고구마

 이혼 후, 나의 지질함은 최고조에 달했다. 사람들을 만나는 것조차 부끄러워 고의로 약속을 피했고, 가끔은 전처에게 연락하고 싶은 충동이 올라와 핸드폰을 들었다가 이내 내려놓기를 반복했다.

 밤이면 혼자 자는 게 두려워 유튜브를 켜놓고 보다가, 지쳐 쓰러지듯 잠들곤 했다. 그렇게 지질하게 보낸 시간이 어느새 4년. 더는 이렇게 살 수 없겠다는 다짐을 하게 됐고, 변화를 위한 첫걸음으로 차를 샀다.

 새 차를 사고 나서 나는 처음으로 '나 자신'을 위해 돈을 쓰기 시작했다. 커피 홀더, 발매트, 대시보드 커버, 트렁크 매트, 차량용 쓰레기통, 먼지털이개… 가격은 중요하지 않았다. 내가 감당할 수 있는 선에서 가장 좋은 것을 샀고, 새 차에 하나씩 채워 넣었다. 지금껏 참기만 했던 내 안의 작은 욕망들, 이제는 나를 위해 기꺼이 돈을 쓰기로 결심한 것이다.

그리고 다음으로 시작한 건 개인전 준비였다.
이혼 후 줄곧 배워왔던 그림과 캘리그라피를 모아, 전시를 해보기로 마음먹었다. 미술 선생님의 도움을 받아 갤러리를 섭외했고, 두말 않고 임차 계약서에 사인했다.
하반기 전시를 목표로 날짜도 확정했다. 물론 적은 비용은 아니다. 하지만 이번만큼은 돈이 아깝지 않았다. 이건 '소비'가 아니라, 내가 다시 살아가는 방식에 대한 투자였으니까.

문제는 이제부터다.
전시 날짜는 잡았지만, 전시할 작품이 하나도 없다. 개념도 없고, 어떤 흐름으로 꾸밀지도 계획이 없다. 작품은 최소 25점을 만들어야 하고, 전시비 외에도 제작비, 설치비 등 만만치 않은 추가 비용이 들어갈 것이다.

그럼에도 불구하고 나는 이 전시를 기대하고 있다. 올해 모은 돈은 아마 거의 다 써버릴 것이다. 적금도 없고, 남는 것도 없겠지만, 이혼 이후의 시간 중 가장 가치 있는 해가 될지도 모른다는 확신이 있다.

이 개인전은 누군가에게 보여주기 위해 여는 자리가 아니다. 주변 사람들에게 알리지도 않을 계획이다. 찾아오는 사람도, 작품을 사주는 사람도 없을 것이다. 하지만 나는 후회하지 않을 것이다.

왜냐하면 이 전시는,
이혼이라는 상처를 내 손으로 감싸는 과정이기 때문이다. 만약 이혼을 하지 않았다면, 나는 아마 그림을 배우지도, 캘리그라피를 시작하지도 않았을 것이다. 그리고 이런 글을 쓰거나, 전시를 열겠다는 생각도 하지 않았을 것이다.

이혼은 분명 괴로웠고, 큰 상처를 남겼다. 하지만 역설적으로, 그 상처가 나를 더 단단하게 만들었다.

그 상처 덕분에 나는 나를 들여다보기 시작했고, 스스로를 돌보는 법을 배웠다.

나에게 이혼은 마치 고구마와 같다.
고구마는 자신을 키우기 위해, 스스로의 몸에 상처를 내고 그 상처에서 새살이 돋아 몸집을 키운다. 이혼이라는 칼은 내게도 수없이 많은 생채기를 냈다. 하지만 그 생채기마다 새살이 돋았고, 지금 나는 더 견고해진 사람으로 살아가고 있다.

그렇게 나만의 방식으로 회복 중이다.

40대의 연애란?

'건축학 개론'이라는 영화를 본 적이 있나? 영화를 보지 않은 사람을 위해 간략하게 설명을 하자면, 가수 수지가 주인공을 맡았고, 조정석이라는 배우가 자신의 이름을 알린 영화다. 영화의 줄거리는 96학번 대학생 남자와 여자의 이루어지지 않은 첫사랑을 아름다운 영상미로 보여준 영화였다.

이 영화는 90년대 대학을 다녔던 나에겐 단순한 영화 이상의 감정을 건드렸다. 물론 나에겐 연애가 아닌 짝사랑의 추억이긴 했지만, 영화를 통해 그 시절 감성을 다시 느낄수 있었던 영화였다. 지금도 종종 생각하지만, 그때의 사랑은 지금보다 조심스러웠다.

우린 '엑스세대'라는 이름으로 반항과 혁신의 아이콘처럼 불렸지만, 연애에 있어서는 유난히 소극적이었다.

어느덧 시간이 흘러, 이제 우리 세대는 자식 있는 부모가 되었고, 그 시절처럼 서툰 사랑을 하기엔 나이가 너무 들었다고 생각했었다.
그런데 요즘 들어 문득 깨닫는다.
'사랑은 나이와 상관없이, 여전히 서툴다고.'

친구 C를 만나서 점심을 먹었다. C는 내가 최근에 알게 된 친구인데, 요즘 새로운 인연을 만나고 있는 중이다. 그렇게 좋기만 할 것 같은 친구 C에게도 고민이 있었는데, 바로 '상대와의 거리'를 어느 정도 둬야 하는지 혼란스러워했다. C의 문제는 상대와의 거리를 진짜 몰라서가 아니었다. 오히려 그 반대로 '너무 잘 알아서' 일어난 일이다. 나이를 먹으면서, 자신의 장단점을 알게 되고, 그로 인해 상대와의 관계 시뮬레이션을 다각도로 하다 보니, 오히려 내부에서 과부하가 걸려버린 것이다.

20대에는 몰라서 못 다가갔다면, 40대에는 너무 잘 알아서 다가가지 못한다. 마음이 있어도 관계를 시작하지 못한다. 혹시 이 관계가 무너지면 회복할 자신이 없기 때문이다.

친구를 보고 있자면, 답답한 생각이 들지만, 그를 나무랄 수는 없었다. 왜냐하면 나도 그와 똑같기 때문이다. 이혼하고 나서 누군가를 좋아하는 감정이 생기고, 상대도 나를 좋아하고 있음을 느끼지만 가까이 가질 못한다. 그 관계가 잘못되었을 때 나는 다시 일어설 자신이 없었기 때문이다.

그렇다. 40대는 연애 헛똑똑이가 되어 버린다.

친구 C와는 한 시간 넘게 진지한 이야기를 나눴지만 결국 답을 내지는 못했다. 애초에 이건 답을 낼 수 있는 문제가 아니다. 답은 이미 나왔는데, 답을 선택할 사람들이

겁을 내며 선택을 회피하는 것이다. 마치 '오징어 게임'에 참가한 참가자들이 게임을 계속 진행할지 포기할지를 결정해야 하는 것처럼 말이다.

글을 쓰기 시작한 이유

 난 책 읽는 걸 좋아했다. 그래서 많은 책을 읽었고, 그 영향으로 오랫동안 저널(일기)을 썼다. 생각나는 것들만 적다 보니, 아무 곳에나 글을 썼고, 그 결과 내가 쓴 저널들은 지금 어디에 있는지 모른다. 그랬던 내가 브런치에 글을 쓰기 시작한 건 이혼한 직후였다. 이혼의 배신감과 절망감을 이기지 못하던 나는 누군가를 만나서 이야기를 나누지 않으면 미쳐버릴 것 같아서 소모임에 참석했다. 그 소모임에서 난 이혼한 사실을 밝히고, 그들에게 힘든 감정들을 털어놓았다. 소모임에 참석했던 사람들에게는 미안한 생각이 들지만, 그때의 나는 그런 걸 생각할 겨를이 전혀 없었다. 정신없이 속에 있던 고통을 쏟아내던 그때, 소모임에 계시던 분께서 나에게 '온라인에 글을 써 볼 것'을 제안했다. 처음엔 말도 안 되는 소리라고 생각했다.

하지만 그분의 생각은 달랐다. 자신도 블로그를 운영하면서 글을 쓰고 있으며, 어려운 상황에서 블로그의 도움을 많이 받았다는 것이었다.

"생각보다 oo님의 고통을 공감해 줄 사람들이 세상에는 많아요."

모임의 주인장이 나에게 한 말이었다. 미안하지만 그땐 모임 주인장의 말이 내 귀에 들어오지 않았다. 하지만 누군가 공감해 줄 사람이 있다는 사실이 내 관심을 끌었다. 아내에 대한 나의 어려움을 공감받고 싶다는 약간의 이기적인 생각을 하면서, 글을 쓰기 시작했다. 그리고 그렇게 쓴 글로 브런치 작가 신청을 했다. 온라인에 작가 신청을 했지만, 한 번에 승인되기 어렵다는 이야기를 수 차례 읽었기에 큰 기대 하지 않았다. 하지만 예상을 뒤엎고 브런치의 작가 승인이 되었고, 그렇게 난 이혼에 대한 글을 브런치에 올리기 시작했다. 처음엔 아내에 대한 불평과 아내 탓을 하려고 글을 쓰기 시작했지만, 점점 글의 내용들이 나 자신을 향하게 됐다.

  비로소 나 자신의 감정을 돌아보고 치유하는 프로세스를 진행하기 시작한 것이다. 그렇게 글을 썼고 아무도 내 글을 읽지 않을 것이라 생각했다. 하지만 내 예상보다 많은 사람들이 글을 읽고 공감과 호응을 해주었다. 믿기지 않는 결과였다. 정말 소모임의 그 분이 말씀 하신대로였다. 세상엔 내 고통에 공감해 주는 사람이 존재했다. 그리고 지금 이렇게 책을 발간하는 기회까지 얻게 됐다.

심장아 나대줘서 고마워

 외부 회의에 참석 중이었는데, 회사에서 문자가 왔다. 회의가 끝난 후 문자를 확인했는데, 그 내용을 보고 적잖이 놀랐다. 회사 동료가 소천했다는 소식이었다.
그가 암 투병 중이라는 이야기는 몇 년 전에 들은 적이 있었다. 하지만 불과 몇 달 전까지만 해도 회사를 출근했고, 나와 마주치면 인사를 나누던 사람이었다. 그런 그가 세상을 떠났다는 사실이 너무 갑작스럽고 충격적이었다.

 나는 그와 깊은 친분은 없었다. 단지 회사에서 얼굴을 알고 지내던, 스쳐 지나가는 인연일 뿐이었다. 그런데도 그의 죽음은 내게 큰 의미로 다가왔다. 그가 나보다 나이가 많은 50대 미혼 남성이었기 때문이다. 그리고 더 직접적으로 이 죽음을 실감하게 만든 건, 그의 죽음을 회사에

알린 사람이 '아내'나 '자식'이 아닌 '매형'이었다는 점이 었다.

그의 죽음을 통해 많은 생각이 들었다. 남의 일 같지 않았다. 내가 이 세상을 떠날 때, 내 죽음을 누가 대신 알려줄 수 있을까? 나의 죽음을 진심으로 슬퍼해 줄 사람이 있을까? 이런 생각을 하니 마음이 무겁고 우울해졌다. 머리로만 그려왔던 '고독사'라는 단어가 갑자기 현실이 되어 피부로 와닿았다. 죽음이 실감 나고, 외로움이 사무치게 두려웠다.

물론, 죽음이라는 건 결국 모든 감정이 사라지는 순간이기에, 그 이후의 외로움이나 슬픔은 아무 의미가 없다는 사실도 안다. 하지만 문제는 죽기 '직전'이다. 그 마지막 순간, 나의 곁에 아무도 없다면? 그 외로움과 두려움은 상상만 해도 감당하기 어렵다. 이 세상과 작별하며 눈을 감는 그 찰나에, 내 곁에 아무도 없다면 나는 어떤 기분일까. 그 생각을 하자, 갑자기 핸드폰을 열고 누구라도 불러내고 싶었다. 지금 이 순간, 내가 살아 있다는 것을 누군가에게 증명하고 싶었다.

그래서 어머니와 남동생에게 전화를 걸었고, 예전에 소개팅으로 만난 친구 A에게도 연락했다.

죽음… 홀로 세상을 떠난다는 건 정말 두려운 일이다. 하지만 어쩌면 그것보다 더 무서운 건, 내가 이 세상에서 사라진 후, 나를 기억해 줄 사람이 없다는 사실일지도 모르겠다.

복잡한 감정에 휩싸여 이런저런 생각이 계속되자, 심장이 미친 듯이 뛰기 시작했다. 공황장애 증상이었다. 그런데 오늘만큼은 이 증상이 그리 싫지만은 않았다. 죽을 것 같다는 공포는, 어쩌면 아직 내가 살아 있다는 증거였고, 세차게 뛰는 심장은 내가 여전히 존재하고 있다는 것을 알려주고 있었기 때문이다.

둘이라는 완전체

"좋은 사람 만나서 빨리 결혼하고 아이도 낳아야지."
어머니와 전화 통화를 하다 보면 가끔 듣게 되는 말이다. 이혼한 아들을 바라보는 것만으로도 힘드실 텐데, 다시 결혼하라는 말씀을 하시기까지 얼마나 많은 고민을 하셨을지 나는 안다. 그래서 매번 건성으로 "알겠어요" 하고 넘기곤 했다.

사실 솔직히 말하자면, 어머니의 그런 말씀이 부담스럽고 귀찮게 느껴졌다. 이혼한 지 얼마 되지도 않았고, 나이 들어 새로운 인연을 만나는 게 얼마나 힘든 일인지 어머니도 잘 아실 텐데 왜 자꾸 그런 말씀을 하시는지 섭섭하기까지 했다. 하지만 그런 생각을 했던 내가 어리석었음을, 며칠 전에야 비로소 깨달았다.

며칠 전, 회사 일로 외근을 나갔다가 팀원들과 회의 장소로 이동하던 중 자연스럽게 결혼과 비혼에 대한 이야기가 오갔다. 나는 아직 회사에서 이혼 사실을 밝히지 않은 터라 조용히 듣고만 있었다. 그때 중학생 딸을 둔 직장 동료가 조심스럽게 입을 열었다.

"난 지금 딸이 중학생인데, 혹시 나중에 아이가 결혼을 안 한다고 해도 그 자체는 걱정 안 할 것 같아. 다만 내가 세상을 떠나고 나면, 혼자 남겨질 아이가 외롭지 않을까 그게 걱정이지. 그래서 그 전에 결혼하라고 말할 것 같아."

그 말을 듣는 순간, 머리를 한 대 얻어맞은 듯한 기분이 들었다.
어머니도 어쩌면 이런 마음이었을까?
'자신이 세상을 떠난 뒤, 혼자 남게 될 내가 걱정되어서 그러신 건 아닐까?' 하는 생각이 스쳤다.

그날 업무를 마치고 어머니께 전화를 드렸다. 어머니는 여느 때처럼 또다시 좋은 인연 만나 빨리 결혼하라고 길게 말씀하셨고, 그 말씀이 이번엔 이상하게도 참 따뜻하게 들렸다. 결혼을 하라는 게 단순히 결혼 그 자체가 목적이 아니라, 아들이 외롭지 않기를 바라는 진심에서 비롯된 말씀이었단 걸 알게 되었기 때문이다.

그동안 그런 어머니의 마음도 모르고 괜히 서운해했던 나는, 그저 미안하고 또 미안할 뿐이다.

다시 사랑할 용기

"결혼은 미친 짓이다. 그런데 그 미친 짓을 다시 하고 싶다는 생각이 드는 걸 보면, 내가 미쳐도 단단히 미친 게 틀림없는 거시여..."

현재 나는 만나고 있는 이성 친구가 있다.(여기서는 그녀를 '하짱'으로 칭하겠다.) 서로 얼굴은 자주 못 보지만, 기회가 될 때마다 만나려고 노력하고 있다. 하지만 하짱과 나의 관계를 정립하려 하면, 쉽게 정의를 내릴 수 없다. 내가 대학생일 때 유행하던 노래 가사처럼 "사랑보단 조금 멀고 우정보단 가까운" 그런 사이기 때문이다. 나만 그렇게 생각하는 것일지 모르지만, 지금 우리 사이의 관계를 사랑이나 애정으로 정의할 수 없다.

물론 상대의 마음은 잘 모르지만, 우리의 애매한 관계에는 아마 내가 더 큰 원인 제공자라 생각한다. 왜냐하면 그녀는 내게 관심이 있다는 걸 명확히 느끼지만, 내가 받아들이는 그 확실한 감정에 대한 답을 회피하고 있기 때문이다.

솔직히 전처와의 관계가 끝이 나고, 많은 부분 회복하기는 했지만, 아직까지도 난 '사랑'이 무섭다. 사랑 자체는 너무 달콤 하지만, 그 이후에 있을 결혼에 대한 가능성(?)을 생각하면 숨이 턱 막힌다. 나이가 들어 혼자 죽고 싶지 않고, 외롭지 않고 싶다는 마음을 가지고 있다. 하지만 그 바람을 결혼을 통해 해결할 생각을 하면, 내 무의식에서 이렇게 소리친다. "도망쳐! 그건 자살 행위야!"라고 말이다.

그럼에도 불구하고 매일 하짱의 문자를 기다린다. 그녀과의 전화 통화를 통해 위로와 쉼을 얻는 나를 보면, '결혼이라는 미친 짓을 다시 한번 시도해 봐도 괜찮지 않을까' 하는 생각을 한다. 물론 결혼과 동시에 내가 느끼는 모든 행복이 사라져 버릴 수 있다는 걸 알고 있는 나로서는 지금의 감정들이 사막의 신기루와 같은 위험한 존재라고 생각하고 경계하고 있다.

    어느 순간 사랑도 계산적으로 접근하는 내가 좋은 선택을 할 수 있을까? 그리고 확신이 생겨도 결심을 할 수 있을까? 누군가에겐 쉬운 결정이 나에겐 수능시험보다 더 어렵다.

    하지만 이런 나도 다시 사랑을 할 그날이 오기를 진심으로 바라본다.

호부호형

홍길동전을 읽어보면 유명한 구절이 있다. 그건 바로 "호부호형"을 하지 못해 한탄하는 홍길동의 독백이다. "아버지를 아버지라 부르지 못하고 형을 형이라 부르지 못한다"는 홍길동의 신분에 대한 한탄이 담긴 말이었다. 그리고 요즘 나는 이 말이 남의 일 같지 않다. 내 경우엔 아버지나 형이 아닌, 친구 하짱과의 관계에서 그런 답답함을 느끼고 있다.

하짱과 만난 지 벌써 3년이 넘었다. 그동안 참 많은 맛집도 다녔고 카페에서 많은 시간을 보냈다. 그런데 여전히 나는 그녀를 본명 대신 '하짱'이라고만 부른다. 사실 이렇게 부르는 데는 이유가 있다. 그 이유는 바로, 그녀의 이름이 헤어진 전처와 똑같기 때문이다. 이름만 같은 게 아니라 성까지 완전히 같다. 그래서 하짱의 본명을 부르는 것이 영 불편했다. 그 이름을 입에 올리는 순간, 마치 전처와 데이트를 하는 것 같은 착각이 들었고, 그 기분은 나를 움츠러들게 만들기에 충분했다.

당연히 내 사정을 모르는 하짱은 내가 왜 자신의 이름을 불러주지 않는지 궁금해했다. 하지만 나는 답할 수 없었다. "전처와 이름이 같아서"라고 어떻게 말할 수 있겠는가? 그런 말을 들은 상대가 상처받지 않을 리 없다. 그래서 하짱이 물어볼 때마다 얼버무리며 화제를 돌리곤했다. 미안한 마음이 들었지만, 그때는 그게 최선이라고 생각했다.

하짱과 즐겁게 식사를 하다가도 문득 그녀의 본명이 머릿속에 떠오르는 순간, 내 마음은 급격히 차가워지곤 했다. 김춘수의 시 '꽃'에서 "내가 그의 이름을 불러 주기 전에는 그는 다만 하나의 몸짓에 지나지 않았다"고 했던가. 나에게는 정반대였다. 하짱의 이름을 떠올리는 순간, 그녀는 나에게 두려움의 대상이 되어버렸다. 물론 하짱과 전처는 이름만 같은 완전히 다른 사람이고, 내가 이런 감정을 느낄 이유가 없다는 걸 머리로는 너무나 잘 안다. 하지만 머리로 아는 것과 마음으로 받아들이는 것은 별개였다. 머리와 가슴 사이의 거리는 30cm도 안 되지만, 그 사이의 시차는 억만 년이었다.

사실 이 문제에 대한 해결책은 간단하다. 내가 이름에 의미를 두지 않고 하짱의 이름을 불러주면 된다. 그렇게 한다고 해서 나쁜 일이 생기지도 않는다는 걸 누구보다 내가 잘 안다. 하지만 나는 상처를 대하는 데 있어 소극적이고 지질한 편이라, 내면의 불편한 감정과 마주하지 못하고 있다.

지금도 하짱의 본명을 떠올리면 전처의 얼굴이 생각난다. 하짱에 대한 호감이 커질 때마다 그녀의 본명을 생각하면 전처와의 공유했던 사랑과 전쟁이 떠올라서 머리가 차가워지고, 하짱과 심리적인 거리를 두게 된다. 이혼의 상흔을 많이 극복했다고 생각했는데, 여전히 내 앞에는 넘어야 할 큰 장애물이 있는 셈이다.

하지만 이제는 달라질 예정이다. 조만간 하짱의 이름을 부를 다짐을 다시 한번 했다. 나의 불편한 감정에 맞서고, 이름이 같은 두 사람이 서로 다른 존재임을 인정하며 이겨낼 결심을 했다. 더 이상 아픈 과거가 나를 앞으로 나아가는 데 족쇄가 되지 않도록 말이다.

우선 하짱에게 본명을 부르지 못하는 이유를 솔직하게 말하는 것부터 시작했다. 그녀에게 이유를 설명했고, 그녀는 예상했다는 듯 고개를 끄덕였다. (다만 이름뿐만 아니라 성까지 같다는 것에 대해서는 제법 놀란 것 같았지만.)

하짱은 내 상황과 결심을 존중해주며 내가 그녀의 이름을 불러줄 때까지 재촉하지 않겠다고 말해줬다. 하지만 이게 내 행동의 면죄부가 될 수는 없다는 걸 잘 안다. 나도 더 노력해야 한다. 더 이상 과거가 나를 붙잡는 장애물이 되지 않도록, 내 감정과 정면으로 마주할 것이다.

"하짱, 조금만 더 기다려줘. 조만간 네 이름을 부르는 날이 올 테니까."

브라보 마이 지질 라이프

결혼 전까진 내 30대 삶은 제법 나쁘지 않았다. 외국에서 대학을 나와 일자리를 잡아 일하다 한국에 와서는 전 세계를 무대로 하는 국제협력 업무를 했다. 한마디로 내 삶의 전성기였다. 그때까진 외부로 보이는 내 모습만 보고 사람들은 내가 잘난 사람이라 생각했다. 하지만 난 누구보다 잘 알고 있었다. 내면적으로는 주눅들고 걱정이 많은 지질 그 자체의 모습을 한 코흘리게 땅그지가 바로 나임을 말이다.

결혼 전까진 나의 지질한 내면을 사람들에게 보여주는 게 부끄러워 부캐를 만들었다. 어디에서나 당당하고 자신감에 차있는 사람을 연기했고, 그런 모습은 주위 사람들에게 어필했다. 하지만 결혼에 실패하고 그 아픔을 이겨내는 데는 나의 부캐는 아무런 도움이 되지 못했다. 오히려 안으로 난 가시처럼 내 자신을 아프게 찌르고 피가 나게 했다. 나의 부캐가 무너진 순간, 난 당황했다. 어떻게 살아야 할지 몰랐고, 내 인생은 이제 끝이라 생각했다. 내 인생은 철저히 실패한 인생이라 규정하고 좌절했다. 그렇게 이혼을 했고 그 고통을 오롯이 받아냈으며 내 부캐는 전혀 도움이 되지 못한 채 산산조각이 나버렸다.

그렇게 깨진 부캐의 잔해 위에 새로운 부캐가 생겼다. 투박하고 평범하지만 우직하고 솔직한 모습의 부캐. 사람들에게 어필하지 못하는 매력은 전무하지만 태산같이 뿌리 내린 채 갖은 상처와 모욕을 견디고 꿋꿋이 서있는 소나무와 같은 부캐가 생긴 것이다.

그 부캐는 이전의 부캐와 비교하여 많이 부족했다. 남을 끌어당기는 매력도 없고, 멋진 인생 목표도 없는 그저 흔히 볼 수 있는 길가의 돌맹이와 같은 존재였다. 하지만 그런 지질한 부캐가 지금 나를 살리고 있으며, 내가 제2의 인생을 살게 해주고 있다. 남에게 드러나지는 않지만, 새로운 도전을 할 수 있게 하고 내 자신의 지질한 모습을 남에게 내보일 수 있게 만들어 준다. 이혼 후 만들어진 새로운 부캐는 나로 하여금 브런치에 글을 쓰게 했고, 책 출간을 가능하게 해줬다. 그와 동시에 내가 개인전을 준비하게 했으며, 새로운 만남에서 상대를 보는 안목을 키워줬다. 이 모든 것이 내가 부끄럽고 인생의 실패자로 느꼈던 이혼이 기점이 되었다.

그리고 지금의 내 삶이 이혼 전의 나보다 훨씬 만족스럽고 행복한 삶을 살고 있다. 나의 한계를 넘어서는 삶을 가능케 해줬기 때문이다. 내가 실패한 인생이라 정의했던 이혼이 오히려 내가 예상하지 못하고 기대하지 않았던 형태의 삶을 선사해 주고 있는 것이다. 이 외에도 빠른 시일 내에 순례자의 길을 걷기 위해 스페인어 수업을 받고 있는 중이다. 내 삶은 지질하기에 멈추지 않고 앞으로 나아가고 있는 것이다.

요즘 이혼이 인기 키워드가 된 건 결단코 우연이 아니라고 생각한다. 내 개인적인 관점에서 보면 사람들이 이혼을 피하기 위해 자신을 포기하는 현실 타협을 선택하지 않고, 정공법으로 그들의 문제를 타개하기위해 이혼을 선택한다고 바라보고 있다.(물론 개인적인 경험에 기반한 주관적인 의견이지만 말이다.) 그렇기에 난 이혼한 사람들이 나와 함께 새롭거나 또는 숨겨놨던 부캐를 드러내길 꿈꾼다. 이혼은 고통스럽지만 그 고통을 이겨내고 멋진 삶을 만들어 갈 수 있게 해주는 부캐를 갖는다는게 정말 멋지지 않을까?!

앞으로도 난 새로운 부캐와 함께 삶을 살아갈 것이다. 내 앞의 미래가 어떤 색을 띨지는 모르지만 결국엔 모든 색상이 모여 무지개색을 만들어 내리라 믿으면서…… 그리고 그 무지개 끝엔 금은보화가 숨어있는 보물이 있음을 믿으면서 말이다.

브라보 나의 지질 라이프!!

4 현선이네 용산본점

- 서울 용산구 한강대로39길 2-13
- 매일 11:00 - 24:00
  (월-14:30-16:00 브레이크타임)
  22:40 라스트오더

5 마복림할머니집

- 서울 중구 다산로35길 5
- 매일 9:00 - 22:50
  (매달 2,4번째 월-정기휴무)

6 상국이네

- 부산 해운대구 구남로41번길 40-1
- 매일 11:00 - 23:30
  (수-정기휴무)

떡볶이를
사랑하지
않기로 했어

한송이

허당과 카리스마, 감정과 이성의 양극단 사이를 오가며 살아가는
한송이입니다. 영혼을 담아 독립출판사 세계관에서
작가님들과 함께 제2의 인생을 살아가고 있어요.

글쓰기 한 모금, 미술 전시 한 모금,
산책 한 모금이 지금의 저를 살아가게 하는 원동력이랍니다.

할머니가 되어도 마음만은 열여덟 살인
낭만 할머니로 남는 것이 제 꿈이에요.

내가 한 건 사랑이 아니야

 '고작 이것밖에 안 됐나?'
 민망함이 한심함을 이끌고 조용히 뇌리를 스쳤다. 마흔 해를 살아오면서도 내 감정 하나 제대로 알아채지 못했다. 그저 오래 사귀었다는 이유로, 나보다 날 더 좋아해 준다는 이유만으로 선택한 결혼의 끝은, 으레 실패였다.
 그렇다면 도대체 어디서부터 잘못된 걸까. 질문은 꼬리에 꼬리를 물고 심연 속으로 가라앉는다.

 이 생각의 시작은 며칠 전이었다.
 '사랑이 무어냐'는 물음에 선뜻 입이 떨어지지 않는 나를 발견했다. 그 순간 깨달았다.
 나는 아직 한 번도 제대로 된 사랑을 해본 적 없는 여자라는 걸.

한쪽 입꼬리가 허무하게 올라갔다. 절로 한숨이 났다. 그리고 내 삶을 스쳐간 남자들이 떠올랐다.

비 오는 날, 집 앞에서 몇 시간을 서성이며 "나올 때까지 기다릴게"라던 남자.

합정에서 파주로 가는 2200번 버스를 기다리던 나를 보고 "그냥 내 차 타고 가자"며 따라온 남자.

이별을 통보했더니, "왜 나는 안 돼?"라며 SNS에 '연탄재 함부로 차지 마라'는 문구를 올린 남자.

그때는 그저 지나가는 인연이라 생각했지만, 지금 와 돌아보면 젊음이라는 가장 찬란한 혜택을, 나는 고작 이런 식으로밖에 쓰지 못했다.

한 줌의 감정과 어설픈 판단들로.

어느 호구의 이혼게임

 2016년 생애 첫 '이혼'이라는 단어와 마주하러 간다.

 한때 연인이라는 이름으로 6년을 함께 했다. 웃고 좋았던 기억 대신 그의 마지막 모습은 눈물과 콧물이 홍수난 무릎 꾼 남자로 새겨졌다. 다들 이 얘기를 하면 어떻게 그간 모를 수가 있냐고 묻는다. 굳이 답을 하자면 육감이 이성과 대립할 때가 몇 번 있었다. 그는 나의 첫사랑이라는 단어의 주인공이라 칭한다. '내 첫사랑의 결말은 비극이 아닐 것'이라 믿었던 지나친 이상적 관념이 현실성 없던 풋내기 여자에게 판단 오류를 선물했다.

 서류 한 장으로 끝나는 사랑 게임. 사람의 밑바닥이 어디인지 볼 수 있는 지극히 본능적인 게임이다. 어디서 주워 들은 정보로 소송 이혼을 진행할 시 많은 기일과 감정 소비가 일어난다고 했다. 그 와중에 최선의 선택을 하겠다며 난 협의 아닌 협의이혼을 하러 갔다. 아이는 없으니 약 한 달이라는 유예 기간이 끝나면 어루만지던 사이가 어색해지는 다음 라운드가 시작된다. 판사의 말과 함께 종료되고 각자의 인생길로 재부팅되는 게임.

젠장, 이 짓을 또 하게 될 줄이야.. 2024년 나의 두 번째 이혼 게임은 전혀 다른 인격체와 하게 됐다. 이해하려고 해보고 관계 개선에도 노력했다. 하지만 거짓말을 계속하는 그를 보며 아닌 건 아니라는 판단이 아이러니하게도 맞았다. 또 하기 싫은 이 게임의 스타트 버튼을 눌러본다. 이것도 경험이라며 누구보다 덤덤한 태도로 법원에 갔다. 사실 태연한 척하는 것도 역겹다. 결국 나란 사람의 인생을 관조해 본다. 이렇게 선택을 잘못하는 나는 도대체 어떤 인간인가 하는 회의감이 들었다. 허탈한 눈물이 있다는 것도 이 경험을 통해 알게 됐다. 내가 흘린 것은 상대가 아닌 나 자신에게 실망한 눈물이었다.

 다시는 하고 싶지 않은 이 게임은 내 삶에서 영원히 로그아웃하고 싶다.

양다리도 사랑일까?

'본능'이라는 두 음절은 짜릿하다. 내 옆에 짝을 두고 다른 이성을 음미한 적이 있는가? 이쯤에서 '솔직'이라는 두 음감을 더해보자. 위 같은 물음에 없었다고 답하는 사람이 몇이나 될까. 1부 1처제라는 법령이 우리의 이성을 제재한다. 상상은 허락돼도 행동엔 도의적 책임이 따른다.

성 심리학자 케이트 모일(Kate Moyle)은 이렇게 말한다. 남자들은 현재 상황이 아무리 안정적이고 만족스럽더라도, 자신의 능력이 다른 곳에서도 발휘될 수 있을지를 스스로에게 묻는다고.

물론, 이 말이 모든 남자들에게 해당되는 것은 아니다. 가끔은 이런 특이종에 대해 왜 고민해야 하는지 의문이

들기도 한다. 하지만 이들의 심리를 이해해야 내 인생에 다시는 끌어들이지 않을 수 있다.

본능이 이성을 이기는 자. 욕구를 채우기 위해 타인의 감정을 희생시키는 자. 자신의 가치를 타인의 관심을 통해 확인하려는 욕구는 더할 나위 없이 '찐따' 그 자체다.

부디 그 양다리 사랑이 너의 진짜 사랑이기를.

좋은 사람 알아보는 방법

애초에 좋은 사람이라는 기준은 누가 정하는 것일까? 효리 언니 말대로 각자의 성향에 따라 맞고 안 맞는다는 표현이 더 적절할 것이다. 내 옆의 그 사람은 누구에게나 첫 경험이다. 한 사람이라는 세계와 마주할 때, 상대에게 지나치게 의존하지도, 스스로를 잃어버린 채 살아가서도 안 된다. 인간에게 '존재'라는 것은 인생에서 가장 큰 숙제이기 때문이다.

'나는 나의 세계에서 온전하다.' 내가 생각하는 최상의 세상살이 방법이다.

서로에게 영감을 주는 관계를 꿈꾼다. 시시콜콜한 이야기부터 건설적인 대화까지 모두 좋다. 다만 긍정적인 마음을 가지고 오늘보다 나은 내일을 함께 꿈꿀 수 있는 사람이라면 좋겠다. 진지함 한 스푼에 미소 두 국자를 더해, 웃는 날이 더 많은 그런 날들.

힘들 땐 숨기려 하지 말고 제때 말할 수 있는 발효되지 않을 고민들. 제철 음식과 과일을 즐기며 미식의 행복을 누릴 줄 아는 삶. 일과 쉼의 조화 속에서 손을 맞잡고 산책할 여유를 가질 줄 아는 사람.

무엇보다, 이 모든 것을 혼자서도 누릴 수 있는 지금이야말로 존재하기에 가장 좋은 순간이다.

사랑의 끝은 꼭 결혼이어야 할까?

　잠시 생각을 해본다. 나는 왜 '연애 후 결혼'이라는 피날레와 같은 공식을 삶에 대입하게 되었을까.
주위에 하나 둘 결혼해서 잘 사는 친구들 또는 동생을 보며 내 무의식도 그에 반응하지 않았을까...

　꽤나 독립적인 성향에 타인의 간섭받는 것을 싫어하는 난 어쩌면 결혼이라는 제도에 맞지 않는 사람일 수 있다. 더군다나 이전 결혼 생활들의 결과가 좋지 않았으니 더욱 비관적이다. 그러나 모든 날이 힘든 것은 아니었다. 솔직함 세 스푼 더하면 이혼이라는 큰 사건 때문에 행복했던 기억들이 날아 없어질까 봐 아쉽다. 그때의 난 분명 많이 웃었고 즐거웠으니까.

많은 상처와 눈물을 겪으며 내 자아는 더욱 단단해지고 무럭무럭 자라났다. 사랑은 받은 만큼 돌려줘야 한다는 것을 배웠다. 때로는 내 표현이 서툴고 어색할 때도 있지만, 나의 영혼의 성숙과 경험이 새로운 사랑을 끌어당길 것임을 의심하지 않는다.

취미가 혼인신고서 작성인 한 여자로부터.

나는 오늘도 성장하고 있다

한국과 일본은 유독 혈액형에 따른 성격을 믿는 문화가 강하다. 요즘 한국은 그 자리를 MBTI와 테토녀 에겐남이 대신하고 있다.
그 심리를 들여다보자. 어딘가에 속해 있다는 안정감이 주는 효용이 좋은 것일까? 왜 사람들은 꼭 틀에 박힌 것에 안주하려는 걸까?

얼마 전, 나를 예뻐해 주시는 대표님이 물으셨다.
"송이 씨, 내 주변에 잘 아는 철학관 있어. 태어난 생년월일 알려줘 봐요."
나도 관련 공부를 해본 적 있다. 아마 모든 원인이 나에게 있지 않다는 걸 인지할 때, 이런 통계에라도 의지하고 싶은 심리가 작용하는 게 아닐까.

난 당당하다.
살면서 한 번도 당당하지 않았던 적이 없다.
단지, 모든 관계에 100%란 없다는 게 내 주관이다.

행여 상대가 부정을 저질렀다 해도, "혹시 내 무관심도 한몫했을지 몰라"라고 1%의 책임을 돌아보는 게 내 방식이다.

의식이 성장하면 과거는 하찮게 느껴진다. 그리고 다시는 돌아가고 싶지 않아진다. 그런 자각이 있을 때, 우린 더 성장한다.

인생이라는 게임에서 당신은 지금 몇 단계에 올라와 있는가?

떡볶이를 사랑하지 않기로 했어

 학창 시절, 매콤한 떡볶이는 내 스트레스를 풀어주는 가장 좋은 친구였다. 친구들과 둘러앉아 웃고 떠들며 나눴던 그 한 접시. 혀끝을 찌르는 매운맛이 주는 해방감은 그 시절의 가장 생생한 기억 중 하나로 남아 있다.

 하지만 몇 해 전 큰 수술 이후 내 삶은 완전히 달라졌다. 산책이라는 소소한 취미, 그리고 건강을 생각하는 식습관이 뿌리내렸다.

 비 오는 날엔 잠시 쉬더라도, 맑은 날이면 꼭 바깥 공기를 마신다. 따뜻한 햇살, 살랑이는 바람, 그 안에서 콧속까지 맑아지는 기분. 그 순간 나의 영혼은 가볍게 춤을 추기 시작하고, 몸도 자연스레 그 박자에 맞춰 흔들린다.

맵고 짠 음식, 기름진 음식도 자연스레 멀리하게 되었다. 대신 단백질 위주의 균형 잡힌 식사를 선호한다. 이 변화 속에서 떡볶이 선호도는 자연스레 사라졌다.

　　사람도 마찬가지다.
화려하고 자극적인 사람과는 어느새 거리를 두게 되었다. 과시가 자신감으로 보이던 애송이의 관점도 사라졌다. 대신 건강한 루틴을 지닌, 은은한 잔향이 남는 듯한 사람이 좋아졌다.

　　그렇게 취향도 마음도 시간에 따라 변해가는 나를 마주한다.

네가 사준 짝퉁 가방

 일할 때 들고 다니는 노트북 가방이 있다.
겉면엔 유명 브랜드의 로고가 선명히 박혀 있고, 독특한 재질 덕분에 보는 사람마다 "예쁘다"며 칭찬을 건넨다. 그 말을 들을 때마다, 내 마음속엔 묘한 아리송함이 스멀스멀 피어난다.

 이 가방의 출처는 A사이트, 게다가 X남편이 선물해 준 것이다. 그는 평소 '품위 유지'라는 핑계를 내세워 고가의 브랜드 제품을 자주 건넸다. 나를 위해 투자한 그 마음, 그 자체는 높이 산다.
 하지만 그땐 미처 알지 못했다. 그 모든 호의에 대가가 따라야 했다는 것을...

비로소 시간이 지나 알게 됐다.

내가 생각한 '품위'와 그가 말하던 '품위'는 전혀 다른 결이었다는 걸.

내게 중요한 가치는 외형의 꾸밈만이 아닌 타인에 대한 배려와 존중이다. 타인을 배려할 때 오히려 자의식이 선명해지고, 타인을 존중하는 자세가 자존감을 더욱 단단하게 만든다. 그것이야말로 품격의 근본이라고 믿는다.

이쯤에서 스스로에게 물어볼 필요가 있다.
진정한 '명품 인간'이란 무엇일까?

덧) 생각난 김에 이 가방도 고이 보내드려야겠다.

돌싱은 외계인

 제목을 적고 나서 정적이 흐른다. 써내려가야 함을 알면서도 선뜻 손이 움직이지 않는 내적 자아는 무엇을 의미하는 걸까.

 최근 명상에 대해 관심을 가지게 되었다. 제대로 배워보고 싶어 전문가의 지도를 받을 수 있는 원데이 클래스에 참여했다. 강사는 내게 명상을 시작하게 된 계기를 물었다. 나는 솔직하게, 이혼을 겪고 마음을 다잡기 위해 명상을 시작하게 되었다고 답했다. 그러자 강사가 물었다.
 "그런 걸 얘기해도 돼요?"
단호하게 답했다.

"네, 전 괜찮은데요!" 그리고 초롱초롱한 눈빛을 그에게 날린 채 양쪽 입꼬리를 씨익 올려주었다.

아직 우리 사회에는 '돌싱'이라는 사람에 대한 선입견이 깊게 자리하고 있다.

결혼도, 이혼도 결국은 행복을 향한 선택이다.

이 글을 읽는 이들만큼은 그저 '그렇구나' 하고 받아들일 수 있는 아량을 베풀어주길 바란다.

온화 주의보가 예보되었습니다

 매일 미라클 모닝을 루틴화하고 있다. 그 결과는 기대 이상으로 대성공이다.
 새벽 공기에는 성당의 신성함, 교회의 생동감, 절의 안정감이 동시에 깃들어 있다. 고요 속에서 안정된 에너지를 느끼며, 머릿속 무의식을 탐방하는 소중한 시간이다.

 어느 땐 잊었다고 생각했던 나쁜 기억들이 불쑥 찾아오기도 한다. 중요한 점은 그것들을 부정하지 않는다는 것이다. 잠시 주연으로 내세워 글로 써보고, 눈으로 확인한다. 시각적으로 인지하면 받아들이기가 훨씬 쉬워진다. 그리고 스스로에게 다독여준다.
 '너, 아직도 있었구나. 이제 보내줄게.'

그러고는 좋았던 기억들을 떠올린다. 이렇게 하면 어느덧 나쁜 기억은 사라진다.

꿈도 꾸지 않은 채 숙면을 취한 후엔 온몸에 좋은 호르몬이 넘실거린다. 이때, 내가 원하는 미래를 상상해 본다. 상상의 원더랜드로 떠나는 시간. 그곳에서 생활하는 나를 느껴본다. 절로 미소가 띠워지는 더없이 행복한 순간이다.

우리의 인생도 매일 보는 일기예보처럼 온화 주의보가 계속되길 바란다.

너에게서 배운 사랑

 눈에 넣어도 아프지 않을 조카가 있다.
그녀와 친해진 건 2024년 7월이다. 갑자기 그녀의 부모는 2주간 유럽 여행을 떠나겠다고 선언했다. 맞벌이하며 전투 육아 하는 모습이 평소 멋지다고 여겨왔는데, 이 일방 통신은 더 멋졌다. 잠시나마 본인들만의 시간을 갖고 싶었던 것이겠지. 그렇게 2주간의 육아가 나와 엄마에게 맡겨졌다.

 아침에 일어나 놀아주고, 아침을 먹고 또 놀아주고, 등원을 시킨다. 육아하는 부모들이 왜 이 등원 후의 시간을 소중하게 여기는지 몸소 깨닫게 됐다. 시간은 어찌나 빠른지, 금세 하원 시간이 다가온다. 마음을 다잡는다.

나는 누구를 만나든 선입견 없이 사람 자체로 대하는 편이다. 조카 역시 '고모'로서가 아닌 또 하나의 인격체로 만난다. 그래서일까? 조카는 나를 다른 어른들보다 더 편하게 여긴다. 제법 영리한 편이라 어른들이 듣기 좋아할 말도 곧잘 한다. 어느 날은 "고모가 아빠보다 더 좋아"라는 말까지 했다. 이 집에서의 '악역은 내 동생인가 보다'라고 생각했다.

그렇게 2주간의 엄마와 나의 동반 육아가 끝이 났다. 아니, 이 힘든 걸 아이 부모들은 매일 한다는 말인가?

조카를 돌보며 '주는 사랑'에 대해 배웠다. 그간 받는 데에만 익숙했다. 익숙해서 그런지 고마움을 잘 몰랐다. 그녀도 받은 사랑에 대해 보답을 해야 한다고 배웠는지 유아 학교에서 그린 그림을 나에게 선물로 주었다. 내 눈에는 마크 로스코 못지않은 추상화였다. 너무 마음에 들어

표구까지 했다고 하자, 조카의 한마디가 또다시 내 마음을 녹였다.

"내 마음이 잘 전달됐구나 고모?"

상처는 나으라고 생기는 거야

 인간은 사회적인 동물이다. 혼자가 익숙한 사람도 지치고 힘들 때는 누구나 의지하고 싶은 법이다. 고민을 터놓을 믿음직한 친구 한 명만 있어도, 잘 산 인생이라 말하고 싶다.

 때로는 억울함을 느끼고, 말해봤자 손해라고 생각될 때가 있다. 그럴 땐 그저 마음속에 품어본다. 찢어질 듯이 아프고 쓰려도, 결국 그 앙금이 돌이 되고, 그 돌이 보석이 된다. 보석을 어루만지는 아량을 만나면 용서라는 큰 재량이 생겨난다. 미국의 작가 루이스 스메데스(Lewis Smedes)는 말했다. "용서하는 것은 내가 상대방을 풀어주는 것 같지만, 사실은 그 분노의 감옥에서 나를 해방시키는 것"이라고.

두 번째로는 존경할 만한 멘토를 찾아본다.

요즘처럼 여러 매체를 통해 다양한 사람들을 접할 기회가 많다는 것은 큰 축복이다. 멘토의 발자취를 따라가다 보면, 자연스럽게 다른 세계로의 확장이 이루어진다. 이를 통해 삶의 수준은 한층 높아진다.

세 번째는 달라진 나와 결이 맞는 사람을 찾는다.

그들과 나누는 고양된 의식 수준의 대화와 생활은 삶의 질 향상에 큰 도움이 된다.

그리고 이렇게 되뇌어 보라.

"내 행복의 지지선은 절대 무너지지 않을 거야"

네가 어떻게 나한테 그럴 수가 있어?

그 언젠가, 서른한 살의 어린 송이는 이렇게 말했다.
"오빠가 어떻게 나한테 이럴 수 있어?"
지금의 송이는 이렇게 말한다.
"그 사람은 충분히 그럴 수 있어."

우리는 모두 '인생'이라는 게임에 각자의 선택으로 참여한다. 그리고 그 게임에서 빠져나올 권리 또한 누구에게나 있다.
내 생각과 그의 생각은 다를 수밖에 없다.
그 관계에 내가 스스로 참여했었다는 사실을 잊고 있었던 건 아닌지, 이제는 돌아봐야 한다.

누군가 내게 말했다.

"태어날 때부터 그렇게 태어난 걸 어쩌겠어?"

그 말에 나는 이렇게 답한다.

"그렇다면 당신은 남들보다 뛰어난 재능도 함께 가지고 태어났을 거예요."

결국 모든 일의 끝은 '나'다.
이 게임을 계속할지, 멈출지는 오직 나의 선택이다.
책임도, 방향도, 이유도 모두 나로부터 시작된다.

평생 나쁜 사람은 없다

선함과 악함.
주관적인 개념이지만, 우리 모두의 내면에 공존하는 양면성이기도 하다.

지금 이 글을 쓰고 있는 '나'는 과거와는 분명 다른 삶을 살아가고 있다. 하지만 누군가의 기억 속 나도 상대에게 상처와 아픔을 남긴 사람일지도 모른다.

사람의 모든 행동은 그 순간의 의식 상태와 인식의 흐름에서 비롯된다. 각자의 삶의 배경과 내면의 갈등을 온전히 알지 못한 채, 우리는 그 누구도 함부로 평가할 수 없다.

혹 누군가가 상식 밖의 행동을 한다 해도, 우리는 그것을 '비난'보다 '연민'의 시선으로 바라볼 수 있어야 한다.

그 또한 나와 같은 인간이며, 어느 한 시점에서는 나일 수도 있었기 때문이다.

고로 '평생 나쁜 사람'도, '평생 좋은 사람'도 존재하지 않는다.

빛이 나는 여자

"저기요~"
라고 말을 건 사내의 말에 내 눈은 휘둥그레졌다.

일정을 마치고 귀가하던 길, 버스 정류장에서 통화를 하며 버스를 기다리고 있을 때였다.
다섯 발자국이면 닿을 거리에서 한 남자가 주위를 어슬렁거렸다. 한 번 나를 쳐다보고, 또 한 번 쳐다보고, 말을 걸까 말까 고민하는 눈치였다.

'휴~ 이놈의 인기, 아직 안 죽었네…'
라며 김칫국을 원샷하고 있을 때다.
그는 마침내,
"저기요~" 하고 말을 걸어왔다.

(아니, 나 아직 통화 중인데 그렇게 급했어?)
  나는 능청스럽게 "네에?" 하고 대답했다.

  그는 자기 폰을 가리키며 뭔가를 설명하려는 제스처를 취했다.
  응? 뭐지...?
알 듯 말 듯한 상황에 나는 눈을 동그랗게 떴다.
  그리고 그가 한 말...

  "폰에 플래시 좀 꺼주세요!!"
  ...
  ...!!
  플래시 버튼이 내 광대뼈에 눌린 채 내내 켜져 있었던 것이다.
  야밤에 그 눈부심 속에서도 참을 만큼 참았을 터...
  (미.. 미안해요 ^^;)

이렇게 또, 나만의 차원에서 나만 아는 웃음꽃을 피우며 살아간다. 이젠 '분노'라는 감정조차 사치처럼 느껴진다. 왜 사람들이 웃으면 복이 온다고 하는지 이제야 조금은 알 것 같다.

 지하철에서 환승할 때 들리는 "환승입니다"가 내 귀엔 "한송입니다"로 들린다. 버스에서 하차할 때 들리는 "하차입니다"가 내 귀엔 "한창입니다"로 들린다. 또 혼자 웃기다고 광대를 슬쩍 들어 올린다.

 유난히 순수했던 아이, 그때의 송이로 돌아와 줘서 참 기쁘고 감사하다.

청춘꽃

시대는 끊임없이 진화하는데, 우리의 인식은 여전히 그 속도를 따라가지 못한다.
여전히 '내 나이에 무슨'이라는 말이 습관처럼 입에 붙어 있다.

2025년 대한민국의 중위 나이는 46.7세.
한때는 '서른 즈음에'라는 노래가, 지금은 '마흔에 읽는 아무개' 책이 인생의 절반을 대변한다면, 다음은 '쉰'쯤에서의 문장들이 우리네 마음을 울릴 것이다.

이 얼마나 앞날이 창창한 현실인가. 쓰러져도 되고, 실패해도 괜찮다.

다만 좋지 않은 사건은 나의 태도를 바꾸라는 징조다.

내 바깥에 있는 이상을 내면에 심어줄 때, 내게 좋은 영양분이 될 긍정적인 생각과 행동들로 돌봐줄 때, 남보다 많이 흘렸을 눈물과 노력에 경이로움을 느낄 때,

   새순이 고개를 드는 봄날,
눈치 보지 말고 우리만의 이야기를 당당하게 써 내려가자.

   비로소 청춘이 거름이 되어 나만의 꽃을 피울 것이니.

"떡볶이 먹고 갈래?"

7 남동공단떡볶이

- 인천 남동구 남동서로 226
- 매일 7:00 - 18:40
  (토-15:00까지, 일-정기휴무)
  18:10 라스트오더

8 윤옥연할매떡볶이 본점

- 대구 수성구 들안로77길 11
- 매일 10:00 - 20:30
  (월-정기휴무)

9 따봉떡볶이

- 광주 북구 서방로 137-1 1층
- 매일 11:30 - 02:00
  (격주 화-휴무)

10 평대스낵

- 제주 제주시 구좌읍 대수길 26
- 매일 11:00 - 16:00
  (수-정기 휴무)

떡볶이를
사랑하지
않기로 했어

김태이

아이는 저의 현실이고, 글쓰기는 저의 회복입니다.
'좋은 엄마가 되고 싶다'는 마음 하나로 읽고 쓰기 시작했고,
지금은 워킹맘이자 작가로 살아가고 있습니다.

브런치에서는 '다정한 태쁘'라는 필명으로 삶의 단면을 조용히
뒤집어보는 글을 씁니다.

저서로는 『처세 9단의 다정한 철학』이 있습니다.
제목은 다소 강단 있지만, 속은 저처럼 몹시 다정합니다.

Soul Food

　누군가 내게 소울푸드가 뭐냐고 물으면 나는 언제나, 주저 없이 대답했다.
　"떡볶이요."
　그런 내가 "떡볶이를 사랑하지 않기로 했다"라는 주제로 글을 쓴다는 건 무언가 큰일이 일어날 것 같은 불안함마저 느끼게 했다. 왜 하필, 떡볶이일까? 『죽고 싶지만 떡볶이는 먹고 싶다』는 제목에 깊이 공감하며 고개를 주억거리던 그 떡볶이 덕후가, 정말 떡볶이를 사랑하지 않을 수 있을까?
　노트북을 켜놓고 한참을 멍하니 앉아 있다가 문득 깨달았다. 그 뜨거움과 매움, 자극적인 중독성. 먹을 때는 행복하지만 다 먹고 나면 속이 쓰리다. 그러고는 매번 "다음엔 안 먹어야지."라고 다짐했다.

어딘가 익숙하다. 스무 살 무렵, 그때의 사랑과 비슷하다. 사랑이라고 믿었지만 사실 나를 조금씩 갉아먹는 감정이었다. 맵고 뜨겁고 중독적인 그것에 홀려, 스스로 고갈시키고서야 멈출 수 있었던 사랑.

떡볶이를 사랑하지 않기로 했다
나를 망가뜨리던 감정과의 작별,
그리고 나를 회복시키는 감정의 선택.

뜨겁게 누군가를 사랑하다 결국 자신을 잃어버렸던 이들, 그리고 아직도 그것을 '사랑'이라 믿는 누군가를 위한 글이다. 이것은 나의 잘못된 사랑 방식과의 이별이자, 이제야 비로소 알게 된 사랑의 의미다.

불안의 발작

스무 살.

그때는 사랑이 무엇인지 안다고 믿었다. 사랑은 누군가가 '내 사람'이 되는 거라 여겼다. 그 사람의 말투, 눈빛, 하루의 기분까지 알고 싶었다. 사랑은 '완전히 스며드는 일'이라고 생각했다. 그런데 기대는 실망으로, 실망은 오기로, 오기는 집착으로 자라났다. 마음에도 없는 말과 행동들로 서로를 갉아먹었다. 사라질까 봐, 잊힐까 봐. 애써 상대를 움켜쥐었다. 그것은 불안의 발작이었다.

얼마 전, 지인과 아니 에르노의 『집착』을 읽었다. "그런 사랑 우리 다 한 번쯤은 해봤잖아?" 공감할 수밖에 없었다. 맞다. 그 시절 나는 사랑을 가장한 욕망 그 자체였다. 존재를 증명받고 싶어 안달 난 아이처럼. 그러니까 그것은 사랑이라기보다는 외로움이었다. 그것도 아주 자기중심적인 외로움.

스무 살의 나는 사랑할 때마다 조금씩 사라져갔다. 그 사람이 좋아하는 음악을 듣고 그가 원하는 사람처럼 굴었다. 사랑받기 위해 나를 점점 지워갔다. 어느 날, 거울 앞에 서보니 내가 누구인지 알 수 없었다. 무엇을 좋아하는지, 어떤 삶을 원하는지조차.

사랑 앞에서 완전히 사라졌다. 그런 사랑은 오래가지 못한다. 가짜를 사랑받는 건 진짜 사랑이 아니니까. 상대도 지치고 나도 지쳐간다. 나를 잃고서 누구를 제대로 사랑할 수 있을까?

[스토킹처벌법]이 생겼다. 거절당했는데도 계속 문자를 보내거나 전화하면 이제는 처벌받는다. 예전엔 "사랑하니까 그럴 수 있지"라고 넘기던 일이, 이제는 명백한 범죄다. 그건 법이 먼저 알려준다.

"그건 사랑이 아니에요."

사랑이라 불리던 수많은 행동이 사실은 사랑이 아니었음을, 우리는 참 늦게야 알았다.

이제야 알게 된 사랑

진짜 사랑을 받아본 적은 있었을까?

아프다고 말했을 때 조용히 이마를 짚어주던 손길. "왜 그래?" 묻기보다 이불을 덮어주고 커튼을 쳐주던 배려. 묵묵히 기다려주며 회복될 때까지 말없이 곁을 지켜주던 마음. 그건 엄마였다. 설명할 수 없는 사랑, 그리고 지금 나는 엄마다.

아이를 꾸짖고 돌아서면 마음이 아려온다. 잠든 아이의 얼굴에 입을 맞추고 다시 안아준다. 이 아이가 내 삶의 무게이자 빛이라는 사실이 가끔은 모순처럼 느껴진다. 아이가 없는 삶은 분명 더 가볍고 자유로웠을 것이다. 하지만 지금처럼 눈물 나도록 벅찬 행복은 없었을 것이다. 아이가 잠든 밤, 그 고요한 숨결을 듣다 보면 이유 없이 눈물이 날 때가 있다. 그 조용한 울림 앞에서 내가 이토록 누군가를 사랑할 수 있는 사람이었던 것에 놀란다. 그런 사랑은 설명될 수 없다.

사랑을 이제야 알았다.

아이를 사랑하면서 나는 더 강해졌다. 이 생명을 지키기 위해 건강해져야 했고 더 현명해지고, 더 인내심 깊은 사람이 되어야 했다. 아이 덕분에 나는 더 나은 사람으로 변화했다. 그 과정을 통해 깨달았다. 진짜 사랑은 나를 지우는 것이 아니라, 나를 발견하는 일이라는 것을. 누군가를 온전히 사랑할 때 내 안에 있던 따뜻함과 용기, 그리고 헌신을 발견하게 된다.

그 사람을 위해 더 좋은 사람이 되고 싶어 하면 할수록, 나의 가치와 존재 이유가 선명해진다. 건강한 사랑은 서로의 꿈을 응원하고 각자의 빛이 자유롭게 발현될 수 있도록 공간을 내어준다. 그러는 사이 내 안의 빛도 알게 된다. 누군가의 행복을 바라는 마음은 어느 순간 내게 더 큰 행복으로 되돌아온다.

진짜 사랑은 나를 잃는 것이 아니라 결국 나에게로 되돌아오는 것이다.

밀당의 쾌감

20대의 나는 나를 좋아해 주는 사람에게는 마음이 가지 않았다.

"너한테 잘해주는 A 말고, 왜 하필 B를 좋아해?"

친구들이 자주 물었지만 그땐 나도 몰랐다. 이유 없이 B가 좋았다. 그 감정은 '사랑'이라기보다 '쾌감'에 가까웠다. 떡볶이처럼 중독성 강한 감정이었다.

심리학에는 '강화 간격'이라는 개념이 있다. 간헐적인 보상이 더 강한 중독을 유발한다는 원리다. 쉽게 말해 언제 받을지 모르는 보상이 매번 주어지는 보상보다 훨씬 더 강렬하다는 뜻이다. 카지노 슬롯머신의 레버를 당길 때마다 돈이 나오면 금세 지루해진다. 하지만 백 번 당겨도 아무 일 없다가 한 번에 잭팟이 터지면 끝없이 레버 앞에 앉게 된다.

연애도 마찬가지다. 늘 내 곁에 있는 '확실한 사람(A)'은 좋아한다고 자주 말해주고 안정을 준다. 그런데 이상하게도 그런 사람에게는 설레지 않았다. 나는 언제나 B를 원했다. 답장은 빠를 때도 느릴 때도 있다. 태도와 감정 표현은 늘 애매하다. 내가 다가가면 살짝 밀어내고, 마음을 거두면 다시 다가오는 사람. 스무 살의 나는 그것을 '진짜 사랑'이라 착각했다. 마음이 이렇게 요동치고 밤을 새워 그 사람만 생각하니 '이게 사랑이 아닐까?' 하고 믿었다.

A처럼 나를 진심으로 아껴주는 사람에게는 이상하리만치 심장이 뛰지 않았다.

"나를 좋아하는 사람보다 내가 좋아하는 사람을 만날 거야." 이 말을 입에 달고 살았으니 결국 늘 B였다. 늘 위험한 쪽이었다. 하지만 지금 생각해 보면 그것은 사랑이 아니라 자존감 게임이었다. B가 나를 좋아한다는 확신만 얻으면, 내가 더 괜찮은 사람처럼 느껴졌다. 쉽게 얻는 사랑보다 어렵게 얻어낸 사랑이 더 값지다고 여겼다. 그것은 성취였다. 사랑이 아니라 일종의 트로피였다.

애타는 순간이 길어질수록 뇌는 도파민을 쏟아낸다. 그리고 그 감정을 해소해 주는 사람이 바로 B다. B 때문에 불안해지는데, 또 B 덕분에 안심이 된다. 아이러니하게도 상처를 주는 사람이 동시에 구원자가 되는 셈이다.

이런 관계를 반복하게 되는 이유는 뭘까? 하루에도 수십 번, 마음이 흔들린다. 오늘은 B가 연락하지 않아 울고 내일은 B가 밤늦게 전화해 웃는다. 그렇게 하루의 기분이 B의 손바닥 안에 놓인다. 그리고 그걸 '사랑하고 있다.'고 착각한다.

사실은 내 마음의 주인이 내가 아니라 그 사람이 되어 가고 있을 뿐인데. 왜 첫사랑은 자주 이런 패턴에 빠질까. 사랑은 본래 편안함 이어야 하는데 그땐 편안한 마음은 사랑이 아닌 줄 알았다. 그게, 젊은 날의 가장 큰 착각이었다.

몸에 좋지 않다는 걸 알면서도 자꾸 손이 가는 이유는 뭘까?

 밀당도 떡볶이처럼 맵고 중독적인 맛이라서 그런가 보다.

이별 후에도 붙잡는 마음

'이미 끝난 사랑'이라는 걸 안다. 다시 돌아올 가능성도 없다. 그런데도 손을 놓지 못한다. 문득 그 사람의 이름을 누르고 아무 말 없이 프로필사진을 들여다본다. 괜히 인☆그램을 열어보고 "잘 지내?" 그 한 문장을 수십 번 쓰고 지운다. 사랑은 끝났는데, 왜 나는 아직 거기 있는 걸까.

충동은 언제나 이성보다 빠르다.

"우린 안 맞아.", "그 사람은 날 더는 좋아하지 않아.", "이 관계는 나를 아프게 해." 다 안다. 문제는 그다음이다. 정확히 말하자면 충동은 이성을 무시한다. "이제는 정말 끝내야지." 다짐해 놓고도 새벽이면 메시지를 열어보는 건 미련이나 사랑 때문만은 아니다. 그건 거의 신경계의 반사작용에 가깝다. 익숙한 자극이 사라졌을 때 뇌는 불안을

감지하고 이를 해소하기 위해 과거의 패턴을 무의식적으로 반복한다.

끝난 사랑에 매달리는 것도 떡볶이 같다. 입안이 화끈거려 고통스러운데도 자꾸 젓가락이 간다. 우리의 뇌는 '사라진 익숙함'을 견디기 어려워한다. 정말 그 사람을 아직 사랑해서일까? 어쩌면, 타인을 통해 확인받던 '내 가치'에 중독돼 있었던 건 아닐까? "그 사람은 나를 사랑했어.", "지금은 날 외면해.", "그건 내가 뭔가 잘못해서겠지." 이런 생각 패턴 속에서 사랑은 곧 자존감의 위기로 변한다.

사랑을 붙잡는 게 아니라 사랑을 통해 무너진 나를 회복하려는 몸부림이 시작된다. 사람을 그리워하는 게 아니라 그 사람 곁에 있었던 '사랑받는 나'를 그리워하기 시작한다. 그때의 나는 예뻤고, 의미 있었다. 그래서 사랑이 끝난 줄 알면서도 놓지 못한다. 사랑이 끝난 것이 아니라, 그 시절의 내가 끝나버린 것 같은 공포 때문이다.

중독은 관계가 아니라 감정에 있다. 그 사람 자체에 중독된 게 아니라 그와 함께할 때 느꼈던 감정의 롤러코스터에 빠져 있는 것이다. 기다림과 기대, 실망과 애틋함, 서운함과 확신 사이를 오가는 감정. 그 강렬한 감정의 진폭에 중독된다. 그는 더 이상 나를 좋아하지 않는데도 그의 관심에 안도하고 무관심에 절망한다.

이 중독은 때때로 자신을 속인다. "혹시 후회하지 않을까?", "그 사람도 날 잊지 못하고 있을 거야." 이런 환상은 현실을 마주하지 않으려는 방어기제일 뿐이다. 우리는 매일 수많은 충동을 참는다. 달콤한 디저트를 보며 다이어트를 떠올리고, 하고 싶은 말을 꾹 참고 분위기를 살핀다. 그런데 왜 유독 사랑 앞에서는 무너질까.

특히, 어둠이 내려앉은 밤이면 더욱 그렇다.

한 사람을 잃는다는 건, 내 인생에서 한 시절이 사라졌다는 의미다. 그 사실을 인정한다는 건 더 이상 그때의 내가 아니라는 뜻이다. 이 마음을 견디는 일이 힘들다. 그래서 '그때의 나'를 계속 꺼내 본다. 이 충동을 멈추려면 나는 어떤 감정에서 도망치고 있는지, 잃어버린 나를 찾고 싶은 건지, 진짜로 그 사람을 원하고 있는 건지. 그 '진짜'와 마주해야 한다.

충동을 이겨내는 건 순간의 인내라기보다 나를 향한 장기적인 책임감의 발현이다. 그리고 그 책임감은 사랑이 끝났다는 사실을 받아들이는 데서 시작된다. 더 이상 붙잡지 않는다고 해서 내가 실패한 건 아니다. 감정을 내려놓는다고 해서 그 사랑이 가짜였던 것도 아니다.

다만, 사랑보다 더 중요한 건 '나 자신'을 붙잡는 일이다. 붙잡고 싶었던 건 그 사람이 아니라 사실 사랑받고 싶었던 나 자신이었다는 걸 깨닫는 것.

인정받고 싶고 사랑받고 싶었던 마음을 상대를 통해 채우려 했다. 하지만 진정한 사랑은 결핍에서 시작되지 않는다. 스스로 온전히 사랑할 수 있어야 비로소 타인을 제대로 사랑할 수 있다. 나를 잃은 채로는 아무리 좋은 사람을 만나도 같은 갈증만 반복할 뿐이다.

 사랑을 놓아주는 것이 결국, 진짜 사랑을 찾는 첫걸음일지 모른다.

험담이 맛있는 이유

 "그 사람은 왜 맨날 그래?", "나만 그렇게 느낀 거 아니지?" 이야기는 그렇게 시작된다. 점심시간이든 잠깐의 커피타임이든 몇 명이 모이면 자연스레 '타인'이 테이블 위에 오른다. '험담'. 나쁘다는 걸 유치원생도 알지만 자꾸 하게 된다. 미적지근한 마음들이 길게 늘어진다. 분노와 웃음을 더하고 나와 생각이 같은 사람이 있음에 안도한다. 그리고 문득 생각한다. "나 지금 뭐 하는 거지?", "왜 이 이야기에서 빠져나오지 못할까?"

 인간관계에는 중독성이 있다. 좋아서가 아니라 익숙해서 끊지 못하는 관계가 있다. 피로하고 상처만 주는데도 자꾸 그 사람을 이야기하고 신경 쓴다. 그건 그 사람 자체보다 그 사람이 내게 반복적으로 유발한 감정에 중독된 상태이기 때문이다. 불쾌하지만 익숙한 감정. 무시당한 느낌, 인정받고 싶은 욕망, 비교와 질투, 억울함 같은 것들. 이 감정들은 마음속에 얽히고설켜 매듭을 만든다. 조금씩 만지작거리면서 그 감정을 다시 느끼고 확인하는 일. 그렇게 '그 사람'이 아니라 '그 감정'에 붙잡힌다. 그리고 그 감정을 함께 나눈 사람들에게 묘한 유대감을 느낀다.

진심으로 화가 나서 험담하는 경우는 많지 않다. 사실은 내가 옳다는 확신이 필요한 것이다. "나만 그런 줄 알았는데 너도 그렇다고 하니까 다행이야." 공감은 위안이 되고 위안은 정당화가 된다. 자기 확신은 인간이 느낄 수 있는 강력한 쾌감 중 하나다. 억울했던 경험, 부당했던 감정에 대해 누군가 나와 같은 감정을 느꼈다고 말해주면 내 감정은 '확실한 진실'이 된다. 그래서 또 말하게 되고 조금씩 다른 버전으로 되새김질하게 된다. 험담은 재미있어서가 아니라 치유 받지 못한 감정들이 서로 기대어 버티는 방식이다.

그래서 쉽게 끝나지 않는다. '그 사람'은 떠났는데 나는 여전히 그 이야기를 하고 있다. 결국 문제가 되는 건 그 사람의 행동이 아니라 끊임없이 되풀이되는 나의 감정 습관이다. 관계에 중독된 사람은 늘 비슷한 상대를 만난다. 나를 무시하는 사람, 감정적으로 착취하는 사람, 나를 이용만 하는 사람. 그리고 그 끝에 가서 늘 같은 말을 한다.

"왜 나는 이런 사람만 만날까?"

그 순간 필요한 건 자기 자신에게 던져야 하는 질문이다. 나는 왜 자꾸 그 자리에 있었을까? 왜 그 감정에서 빠져나오지 못했을까? 관계 중독에서 벗어나는 첫걸음은 감정적 거리두기다. 그 사람이 무슨 말을 했는지, 누가 내 편인지 아닌지, 그 모든 이야기를 잠시 내려놓고 '나는 지금 어떤 상태인가.' 그 질문으로 방향을 돌려야 한다.

하지만 질문 앞에 서면 무섭다. 왜 그 독한 감정을 놓지 못했는지 대답이 보이는 순간, 지금까지 믿어온 '나'가 흔들린다.

나는 정말 착한 사람이었을까? 착한 척하며 상대를 탓하고 그 안에서 우월감을 느꼈던 건 아닐까? 나는 정말 피해자였을까? 그 역할에 기대며 책임을 회피했던 건 아닐까? 머리가 아플 정도로 복잡한 질문들이 밀려온다. 단순하게 정리했던 관계들이 사실은 단순하지 않았음을 알게 되는 순간. 가해자와 피해자로 깔끔하게 나뉘지 않는, 서로가 서로에게 상처를 주고받으며 얽혀온 복잡한 관계의 실체가 드러난다.

그제야 비로소 보인다. 내가 그 사람을 미워했던 만큼, 그 사람도 나를 미워했을지 모른다. 내가 받은 상처만큼, 나도 누군가에게 상처를 주었을지 모른다. 내가 옳다고 믿었던 순간들은 결국 내 기준에서만 옳았을 뿐이다.

그 혼란 속에서 내가 쌓아 올린 '나'라는 사람, 그 위태로운 자존심과 피해의식이 산산조각 난다. 그리고 그 빈자리에서 비로소 진짜 나를 마주하게 된다.

가끔 우리는 나쁜 이야기를 나누며 친해진다. "나도 완전한 피해자는 아니었어.", "나도 그 사람을 이용했던 적 있어." 그런 고백을 할 수 있을 때 드디어 감정의 매듭이 풀린다. 더 이상 확신을 찾아 헤매지 않아도 되니까.

  내 안의 모순을 인정하고 나면 타인의 모순도 견딜 수 있게 되니까.

데미안

"새는 알에서 나오려고 투쟁한다. 알은 곧 세계다. 태어나려는 자는 한 세계를 깨뜨려야 한다." 헤르만 헤세, 『데미안』

지쳐 있었다. 존재의 불일치에서 오는 피곤함이 더 이상 이렇게는 안 된다며 깨우고 있었다. 지금 살고 있는 방식은 내가 원하는 삶과 다르다는 것을 몸이 먼저 알아채고 있었다. 하지만 어떻게 해야 하는지 알 수 없었다. 완전히 새롭고 싶었지만 방법을 몰랐다. 나는 계속 살았다. 살만했으니까, 여태까지 그렇게 보내온 시간 들이 익숙해 무언가를 갈망하면서도 그냥 그 자리에 그대로 있는 것을 택했다.

하지만 그 모든 것이 무너지는 데 큰 사건이 필요하지 않았다. 어느 날, 아주 사소한 말 한마디에 내 마음은 완전히 부서졌다.

무너진 나는 어디로 가야 할지 몰랐다. 그래서 멈췄다. 어떻게 해야 할지 몰라서 멈추는 것 말고는 할 수 있는 게 없었다. 아무 말도 하지 않기로 했다. 누구의 말도 듣지 않고 어떤 관계도 감당하지 않기로 했다.

"거북이처럼 자기 자신 속으로 완전히 기어들 수 있어야 해." 헤르만 헤세, 『데미안』

도피가 아니라 더는 외면할 수 없는 무엇이었다. 그동안 침묵시켜 온 감정들이 내 안에서 부글부글 끓어오르고 있었다.

하루 중 아무 시간이나 골라 5분간 멈췄다.
핸드폰을 내려놓고 창밖을 보거나 조용히 앉아 종이를 폈다. 그 위에 내가 떠올린 문장을 두서없이 적어나갔다. 그날 하루 있었던 모든 내 안의 감정들을 종이 위에 펼쳤다. 누구에게 보여주기 위한 글은 아니었다. 내가 나에게 말을 거는 가장 조용한 생존 방식이다.

그 짧은 실천이 반복될수록 내 감정이 얼마나 일관되게 같은 말을 해왔는지 알게 됐다. 그리고 그 목소리를 얼마나 오랫동안 무시했는지도.

처음엔 내 안이 공허할까 두려웠다. 하지만 공허가 아니라 알아차리지 못한 것이었고, 그 속엔 언어화되지 못한 기억과 감정이 흘러넘치고 있었다.

그것들을 바라봤다. 이해하려 하지 않았고 해석하려 하지도 않았다. 그저 바라만 보는 연습을 했다.

그리고 어느 날, 문득 어떤 감정 하나를 오래 바라보다가 울고 말았다.

혼자라는 감정과 마주했다. 수많은 관계 속에서도 진짜

나를 아는 사람은 아무도 없었다는 것. 그 깊은 외로움을 직면하고야 말았다. 내가 찾던 건 다른 사람이 아니라 나 자신이었다. 이유나 해석이 필요하지 않았다. 그저, 나에게 도착한 느낌이었다.

  사람들은 말한다. 예전의 나로 돌아가고 싶다고. 하지만 예전의 나는, 타인의 시선으로만 구성된 껍질이었다. 껍질을 깨야 한다. 그래야 안에서 진짜 내가 태어난다. 회복은 돌아가는 것이 아니라 한 번도 제대로 살아본 적 없는 '나'를 처음부터 다시 낳는 일이다.
  그 낳음은 고요하고, 고통스럽고, 아무도 축하해주지 않는다. 하지만 그 길만이 나와 연결되는 유일한 길이다.

  나는 나에게 도착했을 뿐이다.
그리고 이제, 나의 이야기를 쓴다. 거창한 변화는 없었다. 사소한 멈춤 속에서 깨달았고, 그 시간은 폭발적으로 내면을 채웠다. 지금 이 문장을 적는 이 순간에도, 나는 나에게 도착해 있다.

내 감정이 하는 말

감정은 인간이 지닌 가장 원시적이고 직관적인 언어다. 그런데 우리는 그 언어를 배워본 적이 거의 없다. 사소한 일에 하루 종일 기분이 구겨지는데, 정작 왜 그런지 이유를 딱 짚어 말하지 못한다. 이유가 없어서가 아니라 너무 많아서다. 어떤 말로 이 감정을 표현해야 할지 몰라 짜증이 나고 괜히 서운하다. 답답한 마음에 남편을 붙잡고 한참을 이야기하다 깨달았다. '아, 그래서 내가 화가 났던 거구나. 그 사람의 말과 행동을 내가 그렇게 받아들였던 거였구나.'

알아차리지 못한 감정은 사라지지 않는다. 억눌려 있을 뿐, 없어지지 않고 모양을 바꾸어 더 교묘하게 일상을 파고든다. 누군가의 말 한마디에 며칠을 뒤척이고 이미 지나간 일을 되씹으며 다시 불편해지는 이유다. 모른 척하면 할수록 감정은 흔적을 남긴다. 새 기억이 덮이기 전까지는 끝도 없이 떠오른다. 감정이 내 편인지 적인지 헷갈리는 순간이다.

분명한 건 감정을 어떻게 대하느냐에 따라 나를 지키는 힘이 되기도 하고 나를 무너뜨리는 원인이 되기도 한다는 사실이다.

어릴 적부터 '화를 참아야 한다.'라는 말을 배웠다. 감정 조절 못 하는 사람이라는 말을 듣지 않기 위해 부단히 애쓰며 살았다. "불안은 네가 약해서 그런 거야." 그래서 '나는 괜찮아'라는 말을 습관처럼 달고 살았다. 거짓말을 오래 하면, 그 거짓말이 진짜 내가 된다. 마음의 언어를 잃으면 내 욕구를 설명할 수 없다. 감정을 설명하지 못하면 스스로 돌보지 못하고 비슷한 상처가 반복된다.

감정을 안다는 건 감정에 휘둘리지 않는다는 뜻일까?

아직도 가끔은 휘둘린다. 다만 예전보다 그 흐름을 읽을 수 있게 됐다. '내가 왜 화가 났지? 왜 서운하지? 왜 이렇게 불안하지?' 이런 질문을 스스로에게 던진다. 답이 바로 떠오르지 않아도 괜찮다. 질문을 던졌다는 사실만으로도, 감정은 더 이상 나를 통제하지 않고 나와 함께 흘러간다. 감정을 알아차리는 건 나를 약하게 만드는 게 아니다. 오히려 외면할 때, 감정은 내 삶을 통째로 쥐고 흔든다.

약속을 취소한 친구에게 느낀 감정을 그저 '화'라고 부르기엔 부족하다. 서운함, 실망, 아쉬움이 뒤섞여 있다. 감정은 늘 단정하게 오지 않는다. 그러니 하나씩 풀어야 한다. 화는 내 시간을 존중받고 싶다는 뜻이고, 서운함은 조금 더 나를 우선순위에 두어달라는 바람이다. 그 마음을 따라가다 보면 '급한 일이 생겼을 수도 있지', '내가 항상 우선일 순 없잖아.'라며 스스로 다독일 수 있게 된다.

예전에는 감정을 주관적인 오류쯤으로 여겼다. '왜 이

렇게 감정 조절이 안 되지?' 하고 나를 다그치기도 했다. 하지만 감정은 내 안의 데이터베이스 총체다. 이보다 나를 더 잘 아는 존재는 없다. 이 감정을 무시하면 삶은 늘 같은 사람에게 상처받고 같은 방식으로 후회한다. '지금 내 기분이 어떤지', '왜 내가 이렇게 화가 났는지', 잠시만 멈춰 생각해 보면 알 수 있다. 이건 누구나 아는 말이지만, 정작 실행하는 사람은 많지 않다. 순간 화가 치밀어 얼굴이 붉어지고 목소리가 떨릴 때, 그 순간 멈추는 것. 왜 이런 기분이 드는지 자문하는 것. 당장 해답은 아닐 수 있지만 감정에 산소가 공급된다. 중요한 건 질문을 멈추지 않는 것이다. 그러면 언젠가 마음이 먼저 대답해 준다.

  삶은 감정과 함께 흘러간다. 감정을 없앨 수 없다. 하지만 감정을 읽고 다스리는 법은 배울 수 있다. 그것이 바로 '내면 감각'의 회복이다. 감정의 미세한 감각을 붙잡는 연습, 그거면 충분하다.

"왜 나는 숭굴숭굴하지 못할까?" 지금도 가끔 그런 생각이 든다. 하지만 감정은 언제나 나를 지키기 위해 반응한다. 내가 눈치채지 못했을 뿐, 감정은 나를 살리려는 신호이다. 감정을 배운다는 건, 내 삶의 언어를 배우는 일이다. 타인과 대화하기 전 내 안의 목소리와 대화하는 것. 그 대화가 늘 쉽진 않지만 괜찮다. 완벽한 사람은 없으니까.

불완전한 나로 살아도, 그 불완전함을 내가 '알아주면' 된다.

부끄러움

처음엔 그것에 '부끄러움'이라는 이름조차 붙이지 못했다. 그저 떠오르는 장면마다 눈을 질끈 감거나 그때의 내가 다시 나타나지 않기만을 바랐다. 아무도 묻지 않았는데 괜히 웃음을 섞어 "그땐 내가 좀 그랬지." 하고 넘기기 일쑤였다. 그러다 상대의 사소한 말에 긁혀 화가 나기도 했다. 혼자 있을 땐, 그때의 감각이 불쑥 되살아나 불현듯 나를 덮쳤다.

이 감정이 뭔가 잘못된 것이라고 느낀 건 아무도 나를 비난하지 않았다는 사실을 자각했을 때였다. 객관적으로는 큰 잘못이 아니었고 누군가는 그냥 지나쳤을 일. 더 정확히 말하면 세상은 내가 생각하는 것 보다 나에게 관심이 없다. 그런데도 나는 그 장면을 끊임없이 꺼내 곱씹었다. 아무도 시키지 않았는데, 오직 나만이 나를 꾸짖고 있었다.

왜 그토록 오래 그곳에 머물렀을까. 그건 내가 그보다 더 나은 사람이었어야 한다고 믿었기 때문이다. 어떤 순간, 스스로 기대에 미치지 못했다고 느낄 때 마음속에서 일어나는 배신감. 그 감정의 이름이 바로 '부끄러움'이다. 그리고 그 부끄러움이 깊을수록, 나는 그때의 나를 더욱 완강히 밀어낸다.

헤어진 연인에게 술에 취해 전화를 걸고 다음 날 아침 흔적을 지우며 고개를 들지 못했던 기억이 있다면 그 밤을 '지질한 밤'으로만 치부할 수 없다. 그 안에는 여전히 인정받고 싶은 마음, 그리움과 분노가 뒤섞인 절망, 그리고 그 감정에 휘둘린 자신에 대한 참담함이 있다. 그러니까 부끄러움은 단순한 실수에 대한 반응이 아니다. "이런 나는 아니어야 해"라는 자기 기대가 무너지는 순간이다.

'나답지 않은 나'를 마주했을 때, 자신에게 쏘아대는 가장 날카로운 시선. 그게 부끄러움이다.

한동안 나는 부끄러움이 나를 무너뜨리는 줄 알았다.

하지만 진짜 무너진 사람은 부끄러움조차 느끼지 않는다. 부끄러움은 여전히 나를 가능성 있는 존재로 보고 싶다는 의지다. 그러니 어쩌면, 이 감정은 자기혐오가 아니라 자기 존엄의 마지막 발버둥인지도 모른다.

  흔히 말한다. "다 지난 일이야, 그냥 잊어." 하지만 그 질문을 곱씹다 보면 끝에 닿는 문장이 있다. "나는 왜 그 순간, 그렇게밖에 할 수 없었을까?", "그렇게밖에 할 수 없었던 나를, 적어도 나는 이해해 줘야 하지 않을까?" 그것은 죄책감이나 후회가 아니다. 마지막까지 나를 붙잡고 있던 '자기 비난을 내려놓는 일'이다.

  종종 '부끄러운 나'를 내가 아닌 것처럼 밀어낸다. 순간의 감정이었고 잠깐의 실수였다고. 하지만 아무리 부정해도 그날의 나 또한, 분명히 나였다. 회복은 그 나를 인정하고 다시 '나'라고 부르는 순간부터 시작된다.

  변화할 수 있다는 가능성을 열어두는 것. 그 어떤 판단

보다 어렵지만 가장 자유로운 선택이다. 흔들려도 괜찮다. 틀려도 괜찮다. 그 유연한 자기 수용이야말로 꺾이지 않는 자존감의 뿌리다. 무엇이 맞고 틀렸는지를 따지지 않고 자신을 온전히 받아들일 수 있는 사람만이 타인 역시 있는 그대로 받아들일 수 있다. 그리고 그 순간, 우리는 안온해진다.

부끄럽고 지질했던 그 밤은 어쩌면 그럴 수밖에 없었던 날이었다. 감정은 넘치고 마음은 지쳐서 더는 생각할 겨를이 없었다. 그게 그날의 최선이었다. 그러니 그 밤도, 지금의 나도 온전히 받아들이다 보면 아주 오랫동안 짓눌려 있던 부끄러움에 대한 마음이 조금씩, 천천히 헝그러워진다.

부끄러움은, 내가 나를 포기하지 않았다는 방증이다. 여전히 '변화할 수 있는 나'를 믿고 있다는 아주 은밀한 살아 있음의 증거이다.

떡볶이가 진짜 나쁠까?

 누군가에게 매달려 존재를 인정받으려 했던, 그 뜨겁고 매운 감정.

 이 글의 중반쯤 썼을 무렵, 떡볶이가 소울푸드라던 나는 떡볶이를 먹고 싶지 않았다. 글에 너무 몰입해서였을까. 아니면 내 안의 어떤 모순을 마주하는 게 두려웠던 걸까. 어쨌든 떡볶이를 먹지 않았고 그렇게 원고를 써 내려갔다. 그런데 글이 끝을 향해 달려갈 즈음, 문득 의문이 들었다. 뭐야? 진짜 떡볶이가 나쁜 거 맞아? 나를 아프게 하는 방식이라니, 그건 누가 만든 거지?

 글이 막혔다. 떡볶이에게 화살을 돌리고 있는 내가 보였지만 정작 왜 그런지 알 수 없었다. 답답한 마음에 평소 영감이 되어주던 지인에게 털어놓았다. "원고가 마무리되지 않아요. 생각만 많고 정리가 안 된 이 기분이 너무 힘들어요. 다시 들여다봐야 할 것 같은데, 어떻게 시선을 전환해야 할지 모르겠어요. 분명 떡볶이 잘못은 아닌데 말이죠." 한참을 침묵하던 그녀가 말했다. "태이 씨, 스쳐 간 모든 인연이 나의 스승이었어. 나를 아프게 했던 사람, 내가 그토록 미워했던 사람, 나를 힘들게 하면 할수록 더 큰 스승이 되어 돌아왔어. 그들이 결국 나를 성장시켰거든. 이제 50이 넘은 나이가 되니 인연이란 것이 그렇더라."

그랬다. 떡볶이와 나를 지질하게 만들었던 그 사람은 죄가 없다.

예전의 나는 늘 단단한 기준을 세우려 했다. 명확한 정답과 확신. 그래야 덜 불안하고 덜 상처받을 줄 알았다. 하지만 역설적으로, '최선'이라 믿었던 그 단단한 기준들은 자주 예상을 벗어난 오답이었다. 돌이켜보면 가장 지치고 아팠던 순간들은 언제나 정답을 쥐고 있으려 애썼을 때였다. 흔들리는 것은 위험하고 지켜야 할 것은 굳건해야 한다고 믿었다. 하지만 결국 통제할 수 있는 건 아무것도 없다는 사실을 받아들였을 때, 비로소 마음이 가벼워졌다.

나와 다른 것투성인 세상에서 타인의 방식을 '틀렸다.'라고 단정 짓는 순간, 불필요한 감정 소모가 시작된다. 그리고 그 소모는 결국 타인이 아닌 나 자신에게 되돌아와 마음의 중심을 흔든다. 유연한 마음으로 "그는 그럴 수도 있겠구나."라고 말할 수 있을 때, 비로소 진짜 이해가 시작된다. 이해가 닿는 자리엔 분노가 머무르지 않는다. 감정은 흘러가고 마음은 한결 가뿐해진다.

나쁨은 대상의 속성이 아니라 그것을 바라보는 나의 해석과 판단이다. 맵고 뜨거운 감정, 지난 후회, 그 자체가 나쁜 게 아니라 그것을 해석하는 방식이 나를 괴롭게 했다. 존재를 인정받으려 애쓰던 지난날, 지질한 내 모습을 마주하기 싫어 '대상'으로 책임을 전가했다. 나를 아프게 한 건 떡볶이가 아니라 그 감정에 의지해 허기를 채우려 했던 내 방식이었다. 돌이켜보면 나는 늘 모든 것을 맞고 틀림으로 나누려 했다. 사람도 사랑도, 심지어 내 감정조차도. 그렇게 나누어야 내 마음이 덜 복잡했기 때문이다. 그래서 떡볶이와 그 사람은 나쁘고, 나는 불쌍하다며 이분법으로 보호하려 했다. 하지만 그 버릇은 마음을 더 옥죄었다.

떠올리기 싫은 민낯이다. 사랑받고 싶고 버려지는 게 두려워 스스로 돌보지 못했었다. 그걸 떡볶이 탓, 그 사람 탓으로 돌렸다. 끊어내야 할 건 떡볶이가 아니라 스스로 괴롭히는 그 해석이었다.

어쩌면 모두 그렇게 살아간다. 무언가를 미워하고 누군가를 원망하며, 어떤 음식이나 장소, 기억을 금기시한다. 그리고 그게 우리를 아프게 한다고 믿는다. 하지만 진실은 더 복잡하고 슬프다. 우리를 아프게 하는 건 대상 자체가 아니라 우리가 그 대상에 부여한 의미와 해석이다. 그리고 그 해석 뒤에는 언제나 충족되지 못한 갈망이 숨어 있다.

떡볶이는 여전히 맵고 뜨겁다. 그러나 그것만으로는 떡볶이를 다 설명할 수 없다.

점심시간, 구내식당을 가는 길. "태이 씨, 밥 먹었어? 우리 떡볶이 먹으러 갈 건데 같이 가자." 떡볶이 단어를 듣자마자 "네, 같이 가요." 웃음이 나왔다. 타이밍이 기가 막혔다. 단순한 우연일까, 아니면 떡볶이가 나를 부른 걸까. 비장했던 떡볶이 사색은 현실의 떡볶이 앞에서 속수무책이었다. (역시 나의 소울푸드)

떡볶이는 처음부터 끝까지 떡볶이였을 뿐이다. 내가 거기에 온갖 의미를 덧붙이고 감정을 투사하고 상처를 덧씌웠을 뿐. 이제는 그것들을 하나씩 떼어낼 때가 된 것 같다. 떡볶이로부터가 아니라 나에게서. 떡볶이는 나쁘지 않다. 어지럽고 복잡한 세상을 잘 살아가기 위해, 그리고 행복을 위해 필요한 건 변하지 않는 기준이 아니다. '진실이라 믿는 것도 언제든 달라질 수 있다.'라는 태도, 그 위에 선 마음이 아닐까.

 진실은 고정된 게 아니라 우리가 그것을 어떻게 바라보느냐에 따라 끊임없이 형태를 바꾸는 것이니까.

에필로그

작가로서의 시작은 아주 우연한 기회였습니다. 책을 좋아해 많이 읽다 보니 언젠가부터 '나도 써보고 싶다.'라는 갈증이 생겼습니다. 하지만 그냥 살았습니다. 살 만했으니까요. 그 갈증은 '하고 싶은 일' 중 하나로 분류된 채 방치되었습니다. 바쁘다는 핑계, '잘 살고 있다.'는 착각 속에서 그 감정을 들여다보지 않았습니다. 그러다 우연히 '브런치 스토리 작가 수업'을 듣게 되었고 그날 이후 저는 조금 다른 삶을 살고 있습니다.

겉으로 눈에 띄는 변화는 없습니다. 여전히 같은 직장에서 일하고 육아에 고군분투하며 지극히 평범한 하루를 살아갑니다. (물론 책 한 권을 냈다는 사실은 저에게 조금 특별한 일상이 되었지만요.)

그럼에도 "다른 삶"이라고 말할 수 있는 건, 아마도 글을 쓰는 삶에 대한 '예찬'인지도 모르겠습니다.

글을 쓰며 저는 저 자신을 조금 더 사랑하게 되었습니다. 스스로 용서하는 법, 놓아주는 법도 배웠습니다. 읽기만 했을 때는 어렴풋했던 것들이, 쓰기 시작하자 선명해졌습니다. 그 선명함은 매번 저를 조금 더 진실한 곳으로 이끌었습니다.

사람은 자신에게 향하는 순간부터 변한다고 믿습니다.

'떡볶이를 사랑하지 않기로 했어' 공모전에 참여하게 된 것도 하나의 우연이었습니다. 인☆그램을 자주 하지 않는데, 오랜만에 들어가 본 첫 피드가 〈한송이 출판사〉의 작가모집 공고였습니다. 수없이 봐왔던 공모전 중 하나였을 텐데, 이상하게도 그날은 그냥 지나칠 수가 없었습니다. 저는 곧장 노트북 앞에 앉았습니다. 그리고 그 우연이 이렇게 긴 여정을 만들어냈습니다.

삶은 결국, 선택과 해석의 연속입니다.

같은 상황 앞에서도 누구는 분노하고 어떤 이는 성장합니다. 그 차이를 만드는 건, 사건이 아니라 그것을 바라보는 '마음의 태도'입니다. 완벽하지 않아도 괜찮습니다. 오히려 그 모든 불확실함 속에서 유연한 나를 마주하는 것이, 가장 근사한 경험일지도 모릅니다. 정답보다 가능성을 믿는 삶. 정답을 고집하지 않을 때 비로소 상상할 수 있고 한 방향으로 보던 문제를 다른 시선으로 바라볼 수 있게 됩니다. 변화 속에는 가능성이, 실패 속에는 반드시 배움이 있습니다. 계획이 틀어지면 방향을 바꾸고 벽을 만나면 새로운 길을 만들면 됩니다.

돌아보면 우리는 얼마나 자주 망설였는지요. '하지 못할 이유'만을 애써 찾아다녔습니다. 사랑하고 싶은 마음 앞에서도, 하고 싶은 일 앞에서도 자꾸 뒷걸음칩니다. 그럴 때마다 매운 감정과 뜨거운 상념들이 우리를 삼켜버립니다.

사랑은 '나 자신을 사랑하는 일'에서 시작됩니다. 그 사랑을 나에게 먼저 주지 않으면 누구에게도 온전히 줄 수도, 받을 수도 없습니다.

사랑하는 일을 하세요.
원하는 것을 감히 저지르세요.
지금이 아니어도 괜찮습니다.
인연 따라, 오고 가는 일에 휘둘리지 마세요.
삶은 언제나 오롯이 내 안에 있습니다.
나를 맵고 뜨겁게 만드는 모든 것들을 유연하게,
그저 있는 그대로의 나로 받아들이는 것.
그게 진짜 사랑의 시작입니다.

저는 저를 스스로 정의하지 않습니다. 흔들리는 날도 강한 날도, 지질하고 어설펐던 그날도 모두 '나'입니다. 그리고 그 모든 나를 사랑해야 비로소 사랑을 시작할 수 있다고 믿습니다.

글쓰기는 저를 자유롭게 해주었습니다. 자유란 누군가에게 보이기 위한 것이 아니라, 나조차 나를 잠시 유예할 수 있는 마음 아닐까요?

　어떤 방식이든 괜찮습니다.
　진짜 나를 마주하고, 그 맵고 뜨거운 감정 위에 나를 안아주는 마음 하나 조용히 놓을 수 있기를 바랍니다.

"맛있게 먹어줘서 고마워"

떡볶이를 사랑하지 않기로 했어

1판 1쇄 발행   2025년   9월 29일

지 은 이   냐저씨, 한송이, 김태이
발 행 인   한송이
발 행 처   한송이 출판사

책임편집   한송이
삽   화   정지영

문   의   chaekyeojung@naver.com
등록번호   제 2024-000112 호
등록일자   2024년 8월 13일

ISBN   979-11-988946-5-6 (13800)
가격   18,000원

· 이 책의 판권 및 저작권은 각각 한송이 출판사와 작가에 있습니다.
· 책 내용의 전부 또는 일부를 이용하려면 저작권자와 출판사의 동의를 받아야 합니다.